死ぬ力

鷲田小彌太

講談社現代新書

2357

まえがき

「死ぬ力」、これが本書のテーマだ。平凡に思えるだろう。一見、類書もたくさんある。古今東西、さまざまな賢人がこのテーマに挑んできた。いな、賢人だけではない。老若男女、貴賤上下、愚鈍を問わず、時と場所を選ばず、大言壮語あるいは片言隻句《へんげんせっく》してきた。

どう答えてもいい。ということは、どう解答しようと、一義的な答えは見いだしがたい、ということだ。たとえばである。

「人生は短い。死は常にまぢかにある。」

この言葉には、無数の解がある。対極的な二つを求めれば、

「朝《あした》には紅顔の美少年、夕《ゆうべ》には白骨となる」（A fair-faced youth in the morning, crumbling bones in the evening——"Red at morn, dead at even."）

「朝に道を聞いて、夕に死すとも可なり」（If learn the truth in the morning, I shall be content to die in the evening.)

となる。「死ぬ力」も同じだ。対極的な解答がある。

老にも、死にも、「力」など無用だ。避けられないからだ。考えたってムダである。私の、否、人間の力の範囲を超えている。ケセラセラでゆこう。ゆくしかない。

老も、死も、避けられない。だからこそ、どう老いるか、どう死ぬか、が誰にとっても重要になる。いま・このときを、どう生きるかが、抜き差しならなく《ふかひに》なる。朝に道を知って、夕べに死んでも、あるいは、死ぬことができれば、悔いがない。

だが、わたし（筆者）の立つ位置は、対極点を含めたその無数の中間の一点ではない。なぜか。「死」と「生」は、「矛盾」であり「対立物の同一」（ヘーゲル）だからだ。シンプルにいえば、「一年生きたは、一年死んだ。」だからだ。生と死は、同じ過程の「表裏」なのである。ま、こういっても、いまのところは「まじない」の類だろうが。（徐々にわかってもらおうと思う。）

一つだけお約束しておこう。本書の出発点は、常に、「現在」である。ただし、最も重要視するのは、太古から続く「現在」である。「人間」（人類　human beings）の「生・死」＝生存全般に関わることだ。だが、一見、つい最近（一九九〇年以前）とは連続しない「現在」もある。「最新」である。この場合も、そのつど断るが、人間一般（人間本性

human nature）としっかりつながっている。

わたしが「死」について語るのは、「生」について語ることと同じだ。ただしわたしの生き方、話し方が、通常と多少違う、と感じるかもしれない。でもそれは、一見のことだ。わたしはなによりも「自然」を大切に思う。自然には二種ある。いわゆる自然と人間の自然だ。どちらも「自然」である。

言葉のことにかぎっていえば、「自然の破壊」も「自然」だ。「生」が自然なら、「死」も自然である。「生の破壊」も自然である。「死の破壊」も自然だ。言葉「遊び」の類に見えるかも知れない。そうではないことを、追々、語っていこうと思う。では「死のドラマ」の開幕である。お楽しみを。

目次

第Ⅰ部　長生きは簡単だ

1　人間は長寿に生まれついている

現在ほど、「健康で長生き」の人生賛歌が喧伝《ノイズド》された時代があっただろうか？　わたしは知らない。わたしが古い時代のこととしてよく聞かされたのは、多く逆のことだった。

「芸術は長く、人生は短い。」（Art is long, life is short.）これはよく知られた言葉だ。「芸術は永遠だが、人生は儚《はかな》い。」という意味で、いまでも用いられる。だが、「本意」はむしろ逆である、といっていい。

この言葉は、紀元前五世紀に活躍した、古代ギリシアの医者で哲学者ヒポクラテスのものだ（といわれている）。直訳すれば、「医術を身につけるには長い時間を要する。ところが人生は短い。」である。

意味は、「時間がない。どんなに頑張っても、努力は無駄になる。特別の才能をもつもの以外は、医術を身につけることはできない。」なのだろうか。およそ逆なのだ。

人生＝時間にはかぎりがある。だから、寸暇を惜しんで医術を身につけようとしなければならない。しかも医術にかぎりがない。何ごとにも、ひとかどの技術を身につけるには、懸命に努力する必要がある。これが主意なのだ。

ヒポクラテスは、ここで「美術」でなく、「アート」一般でもなく、「医のアート」を語っているのだ。「医の芸術」ではなく、「医の技術」のことだ。

たしかに、現在、「芸術《アート》」と「技術《テクノロジイ》」は対極的に使われる。一般に、芸術の特性は「創造《オリジナル》」であり、技術は「複製《コピー》」だというようにだ。だが、芸術と技術の境界線《ボーダーライン》ははっきりしない。

たとえば、金型（die）による製造は、「技術」、すなわち複製である。しかし「金型」そのものを造るのは、「創造」であり、技術者による「創造」（世界に一個しかないもの）であり、「芸術」と呼ぶほかないものだ（と思える）。

それに、アート（ラテン語のアルス）とテクニック（ギリシア語のテクネ）は「同語」なのだ。むしろ「技術」が主意である。アーティフィシャル（artificial　人工的、わざとらしい）の対立語がナチュラル（natural　自然的、もともとの）であるのを思い起こすだけで十分だろう。ドイツ語ではクンスト（Kunst）で、もともとは、「技」あるいは「術」が、すなわち「技術」が主意だった。

たしかに、かぎられた人生だ。身を削る努力をしても、身につくものはたかが知れている。そんなものに憂き身をやつす（なりふりかまわず熱中する）より、その日その日をあるがままに受け入れ、なにものにもとらわれずに生きる方が、ずっと自由で楽しいじゃないか。こう考える人も多いと思える。でも、原意はそうじゃないのだ。

もう一つ、人間が「短命」だ、というのは正確ではない。

陸、海、空の「最長寿命」動物は、ゾウ、シロナガスクジラ、イヌワシで、ともに、「食物連鎖」の頂点に君臨している「最強」動物である（といわれる）。しかし三頭とも最長寿命年数は、ともに八〇年で、人間の一二〇年に劣ること遥かなのだ。

つまり人間は、他の動物と比較して、途方もなく長く生きることができる、食物連鎖の頂点に君臨する、最強動物である。（ただし以上は、「寿命」、すなわち、誕生から死までの年数を、「出産」と「心臓死」までの期間と前提した場合だ。）

1.1　人間、この最長寿命生物

ところが、この最長寿命動物といっていい人間は、あるいは、人間だけが「自殺」をする。もちろん「自然死」や「病死」もするが、自分勝手・自分本位に寿命をまっとうせず、自死するのだ。

重大な自殺と思われるものがある。たとえば、明治天皇の崩御で、乃木《のぎ》希典《まれすけ》将軍が妻を道連れに「殉死《じゅんし》」（自刃）した。天皇崩御と乃木の殉死によって、「明治の精神が終わった」といって、『こころ』（夏目漱石）の「先生」が自殺した。乃木はその殉死によって、「神」になって、乃木神社に祭られた。

対して、一九三三（昭和八）年、三原山投身自殺者が一〇〇〇名を数えた。柵をこさえて自殺を防ごうとしたが、警備員の制止を振り切って、つぎつぎに火口へ向かってダイビングしたのである。一種の「流行」＝「熱狂」というほかなかった。

なぜ人間は（だけが）自殺するのか？

人間は、長生きしすぎるからだ。

反論　アホなことをいうな。「命あっての物種じゃないか！」（Life must be the first consideration.／While there is life, there is hope.）「不老長寿」、「もっと生きたい」は、人間の最大の幸福願望ではないか。

再反論　しかし、「不老長寿」というが、それは思うほどいいものではない。「死なない」だけでなく、「死ねない」のである。どんなに幸福と思えても、それがいつまでも続くと、「飽き飽き」するじゃないか。これほど退屈で、苦痛なことはないのではないだろうか。

生きているから、人生は苦しいので、この人生苦から逃れるためには、「死」以外ない。これが、実に理にかなった思念ではないだろうか。

人間は「長寿」である。そのうえ、「いつ」この命が尽きて、この苦しみが終わるかわからない。寿命が「いつ尽きるか」わかっていれば、あるいは、苦しみに耐えられるかもしれない。だが、「終点」がわからない。

自分の命は「自分のもの」である

自分のものをどう処分しようと、自分の勝手ではないか。自分の命を自分が処分する。それが自殺の本意だ。他人がとやかくいえることではない。

反論　なにをいうか。たしかに、自分の命を、自分が自由に使おうと、勝手だ。しかし、君は、一人で生きているのではない。君の「自殺」は、両親をはじめ、血族、恋人、友人、会社仲間等々と無縁ではない。自死は、君につながる者を悲しませ、苦しめるじゃないか。

再反論　そうかもしれない。しかし、わたしの「身体」はわたし以外のなにものでもない。他の誰にも、したがって「国」（国家権力）でさえ「不可侵の権利」とされている。つまり、「基本的人権」の基礎は、「生命と財産」の「私有権」（＝私的所有権）だ。人間は、自分の生命と財産を自分が自由に所有・処分する権利をもたなければ、「自由」な人間ではない、ということなのだ。この意味で、「自殺」は「基本的人権」の一部である（とわたしは考える）。

それに、わたしが死んだ「おかげ」で、両親、兄弟姉妹、血縁者、仲間、その他のなかに、「ホッ！」とする人がいる。「万歳！」する人もきっといる。その数も、考えられているよりは多いかもしれない。元老山県有朋が死んだとき、「死もまた社会奉仕」（石橋湛山）といわれた。これは、ほとんど自死に近かった山県のケースに当てはまることだけではないだろう。どんな「死」にも、（あとで述べるが）浄化作用がともなうからだ。

「自殺」は「幸福」の切符だ

人間のほとんどは「自殺」しない。「自殺」など例外中の例外で、「無視」あるいは「看過」していい。

反論　そんなことはない。日本で、年間三万人ほどが自殺する。（実数はもっと多いだろう。）全ガン死亡数の約一割である。すでに「社会現象」なのだ。

それにもし、「自殺は、勝手次第。」ということになったら、どれだけその数が増えるか知れない。人口減少時代に生きる日本人にとっては、とても看過できない事態だ。

再反論　自殺者本人を含め、誰のせいでもない。先刻あげた三原山投身自殺のように、「流行」の類で、「自殺は事故だ。」という事例に満ちている。

それに、人口過多・過剰社会だと、人減らしのために、「自殺」は奨励されていいのか？　そんなことはない。「基本的人権」なんぞというものがなかったとき、非所有（たとえば水呑百姓）が勝手に自死するのは、彼を所有するもの（領主や地主）の権利侵害と見なされた（にちがいない）のだ。彼の家族や縁者（生きている者）が連帯責任を問われる。

自殺する人は、人生の前途に不幸がある、「もはや死も同然」の人生しか残っていない、と思う人のことだ。こういう人にとって、「自殺」は、不幸の選択ではない。現前の「苦しみ」や前途の「不幸」からの解放である。この意味で、自殺は「幸福」をめざす行動以外のなにものでもない。自殺は無意味だ、禁止の対象だ、などというのは、「自殺」の積極＝肯定的意味を理解しないものの言だ。反論はあるだろうか？

反論　自殺は簡単だ。だから、自殺してはいけない。

再び、エッと思うにちがいない。そうではないのだ。

なぜ「殺人」をしてはならないか

自殺は人間が自由であることの証である。これは、自殺を「肯定」したり、「奨励」しているかのように思えるかもしれない。そうではないのだ。

第一に、自殺は自分（という人間）を抹殺することだ。自殺も人間を殺すという点では、「殺人」である。自分のものをどう取り扱おうと、勝手じゃないか。それが自由ということだろう。こう、いちおうは理屈をつけることができる。

だが、自分の命＝身体は、はたして自分だけのものだろうか？

「身体髪膚《はつぷ》これを父母に受く。敢《あえ》て毀傷《きしよう》せざるは孝のはじめなり。」（孝経・開宗明義章）

という諺《ことわざ》がある。古くさいな、と思わないでほしい。

先に、私の命（身体）は、私のもので、他の誰のものでもない、もちろん両親に属するものではない、といった。両親が私の生殺与奪権をもっているなどということを認めるわけにはゆかない。

同時に、私の身体は私の両親から得たものだ。それも無償にである。私のものだが、同時に、両親に発したものだ。私は両親の「分身《ブランチ》」なのである。この身体（生）を自分勝手に扱うことはもちろん、傷を付ける（枝《ブランチ》を折る）ことでさえ、両親の意に反することだ、両親に害を与えることだ、とこの格言はいう。古いが、いまも生きている、いまこそあらためて確認しなければならない内容を含んでいる、と思わないだろうか。

両親から譲り受けたものだ。土地であろうと、宝石であろうと、命だろうと、自分のものだ。自分の意のままにして悪い法はない。ほとんどの人はこう思っているに違いない。しかしそうだろうか？

自分が親になって、子どもがその身体を切り刻むようなことをしても、それはお前（子ども）の自由だ、と座視することができるだろうか？　できる人は「よほどの人」（一種の超人）だろう。たしかに「身体髪膚……」は古い「法」だが、現在につながっている「法」である。

人間の三大タブー

法律は「殺人」を禁止はしない。殺人を処罰の対象とする（だけなのだ）。

一九八一年のことだから、もうずいぶん昔というか、ちょっと前の話になる。日本人留学生（男）がパリで「恋人」＝女を殺して食べた、という仰天事件があった。ただちにこの男は「殺人」罪で逮捕された。ところが「起訴」されなかったのだ。法律で裁かれることを免れた。「うまくやったー」というわけではない。

この男は女を殺した。殺人罪だ。しかし「食べた」。人間が人間を食べるなどということは、人間にはなじまない。というか、人間の意思や行為を超えている、とみなされた。この男は心身（＝人間）喪失であり、いってみれば「人間」ではない。したがって「治療」の対象であり、人間の「法律の埒外《らちがい》」にある、というわけで病院送りになり、「堂々」と日本に帰ってきた。マスコミにも登場した。人肉食（を体験した）評論家としてだ。

「人肉食」は法律の対象ではない。「タブー」（禁忌）なのだ。これを超えたら「もうお前は人間ではない。」ということである。

人間（人類）が共通に超えてはならないとしてきた「タブー」は、いまも三つ残っている。「人肉食」の他に、一つは「近親相姦」であり、もう一つが「殺人」だ。

エッ、「近親相姦は法律（民法）で禁止されていないの？」と思われるかも知れない。たしかに「近親者」の「結婚」は法律で禁じられている。だが、近親者の性交（＝近親相姦）は法律で禁じられているわけではないのだ。当然、罰則はない。

法律で禁じられるまでもなく、人間であれば絶対にやってはならない行為であり、だから「禁忌」なのだ。この禁を破って、他人の知るところとなると、「人間を超え」た存在、もちろん「神」ではなく、「鬼畜」の類とみなされることを覚悟すべきである。「許されざる者」をだ。

もう一つの「タブー」が「殺人」である。たしかに、殺人は法律の対象だ。しかし、同時に「禁忌」の対象でもある。人肉食や近親相姦と違って、殺人が複雑《コンプレックス》であることの理由だ。つまり、殺人には、それを犯すと、人間の限界を超える、という内容が含まれているのだ。

タブーとは、人間社会が、それを許すと社会（＝共同体）が崩壊の危機に瀕する、と考えて設定した「禁止条項」である。たくさんあったが、いまなお残っている人類に共通なタブーは、以上の三つで、三大タブーといっていいだろう。

わたしはつぎのように主張している。

この三大タブーを保持してきた種族だけが生き残り、現在の人間になった。この三つを失えば、人間のアイデンティティ（同一性）がほどけてしまう。人類が人類でなくなる。超人類あるいは異人類になる。この意味では、三大タブーは、現在の人類にとって、絶対超えてはならないもので、この意味で、絶対悪である、とみなすことができる、と。

なぜ殺人は「禁忌」かつ「絶対悪」なのか？

殺人を犯すことは、文句なく悪い。自明である。説明終わり。

殺人が「禁忌」なのだから、これでもいいと思う。人肉食も近親相姦も、歴史上を探せば、無数の例を見いだすことができる。現在も、相も変わらず、いな、さらに頻繁に生じている（とわたしは推定する）。ましてや「殺人」は戦争時にはけっして「悪」ではない。

しかし、この三つは、種族、宗教、地域、民族、言語等の相違にかかわらず、人間社会（共同体）に共通の絶対的禁止＝禁忌として通ってきた。その理由は色々と挙げられてきたが、根本は、社会（共同体＝大は種族や民族から、小は部族や家族や夫婦まで）を維持するために必須な、不文律の掟（共同の無意識）というほかない（とわたしも考える）。このタブーがなければ家族や組織はもとより、地域や国家を問わず、人間の結びつきが「まならない」、「内部崩壊する」という共通な無意識（誰もがそれに従わざるをえない必然）が存在するからだ。

なるほど、人間は、飢餓状態に陥ったとき、人間を食べたという例は無数にある。近くはチャイナで「文化大革命」期にあった。わたしの息子がアメリカ留学中、文革時に家族が「食料」になったという学生に出会った、「大ショックだった」とだけ語ったことがある。

だが、人間は、食糧対策として、さらには飢餓対策として、人間（同類）を飼育し、食料にしたという「例」はない（のではないだろうか）。そういう計画があり、実行されたとしても、存続することはできなかったし、そういう種族は早晩死滅したにちがいない（と推察する）。有史以来今日まで、人間（同類）を飼育し、常食とする種族は存在できないし、していない理由だ。

たしかに戦争で敵（異類）を殺すことは「犯罪」ではない。ただ戦争にもルールがある。そのルールを逸脱した「敵」や「非敵」（非戦闘員）への攻撃は「罪」の対象になる。だが戦争でも、敵を殺すこと（「殺人」）は「タブー」であり続ける。

人肉食や近親相姦は、いついかなるときも「タブー」であった。だが殺人は、「タブー」と「犯罪」とのダブルスタンダードなのだ。

殺人が「犯罪」のとき、「タブー」は背後に隠れてしまいがちだ。だが、「刑」を終えても、人間としてやってはならないことをした、という原罪感（無意識）に苦しめられる（そうだ）。殺人が犯罪でない場合でも、この無意識に悩まされる理由だ。もし戦争でバンバン敵を殺しても、胸の奥が痛まなくなったら、つまり無意識に苦痛が生じなくなったら、人間感覚器官《ヒューマンセンサー》が麻痺ないし壊れてしまった、と思っていいのだ。

自分殺しも悪だ

自殺は人間の自由の保障である、といった。だが人間（社会）がえんえんと長く生き続けてきた時代には、「基本的人権」など存在しなかった。「自殺の自由」などなかった。神と契約を結ぶキリスト教徒には、自殺は「犯罪」(重罪)だった。

シェークスピアの『ハムレット』は「基本的人権」などというものがなかった時代の物語だ。「自殺」(狂死)したオフィーリア(宰相の娘でハムレットの恋人)は、自殺の罪で、葬式も出せない、(公式には)墓にも入れない、ということ(罰)になる。これはキリスト教の「戒律」にもつながるが、日本でも武家社会で「勝手な自死」は許されず、あえてすると、家門は断絶になった。庶民でも「自死」は手前勝手、自由ではなかった。ときに刑罰の対象になり、縁者に累が及んだ。

自殺が人間の「自由の行使」を示す行為と認められて、はじめて「犯罪」でなくなる。しかし人間を殺すことは、その対象が「自分」であっても、「殺人」である。「タブー」を犯すことに変わりはない。だから自殺は、今日でも、「自由権の行使」あるいは実利的理由(「死んで花実が咲くものか」、「死ぬ気になればなんでもできる」、「命を粗末にするな」など)からであっても、「禁忌」につながるものとして、最後のぎりぎりまで回避すべき行為とみなされるのだ。人間が超えてはならない共同の無意識とつながるからだ。

しかし、以上のことは、人肉食、近親相姦、殺人が三大タブーである理由を、簡単にもせよ語らないと、ナゼなんだ、と思えるにちがいない。ただし、ほんのさわりだけになる。

いま、共同体を、衣食住をともにする「家族《ファミリイ》」、あるいは生活圏をともにする集団力の強い「ムラ《コミュニティ》」と想定してもらいたい。あなたもその一員《メンバー》だ。
1　最高の「食愛」と最適な「性愛」の対象が、すぐ横あるいは近辺にいると気づくにちがいない。
人肉は「完全」食だ。栄養源として満点（でそれに美味）だ（そうだ）。父にとって娘が、母にとって息子が、妹にとって兄が、姉にとって弟が、「最適」の性的対象である（そうだ）。もし家族内で、あるいは村内で、食愛や性愛を満たそうとしたらどうなるか。簡単に手に入る。ただし、親しい、数がかぎられている。奪い合い、殺し合いになること必定だ。人肉食とは、家族や仲間を殺すことを意味するだけでなく、自分も殺しの直接対象になるのだ。相互に禁止しないと家族も村も自滅する。
2　しかも「殺人」は簡単だ。なぜか？
もし共同体員相互で「人肉食」が黙認されれば、どうなるか。警戒心を怠ると、たちまち食べられてしまう。ために、おちおち眠ることもできない。性愛の対象とベッドをともにするなんて、恐ろしくてできない。最愛者に食べられるかもしれない。（ここで、ベッドをともにする夫、妻に、寝ているあいだに相手を殺さない、という不文律＝暗黙の了解があるのかどうか、考えたことがあるかどうか、を質《ただ》してみたい。わたしには、ある。)

いま、あなたは、妻・あるいは夫が「私を殺す」なんてとんでもない、と思っているだろう。しかし、嫌な相手、目の上のたんこぶ、ちょっと前までは最愛の人だったのに簡単に裏切った男・女が、目の前から、いえ、この地上から永遠に消えてしまったら、死んだら、どんなにいいだろうか、と思ったことはあるだろう。心の中で「死んでしまえ！」と念じたことはあるだろう。(わたしにだって、もちろん、ある。連れ合いにだって、あるだろう。)

3 「人肉食」、「近親相姦」、「殺人」は、最も効果的で最上の「食・性・権力」欲を満足させる、しかも最も簡単明瞭な「方法」である。

だから共同体内では、家族や仲間の間では、「厳禁」にしなければ、共同体は簡単に崩壊するのだ。この厳禁は、人間（仲間）が無条件に従わなければならない、「法の法」であり、「禁忌」としか呼びえない「共同の無意識」としての「倫理《エートス》」なのである。

ひとまずは、こういっておこう。

人間が長生きするのはなぜか？

動物によって寿命が決まっている。ゾウも、クジラも長寿命だ。理由がある。

1　体が大きい。

体の大きさと寿命とのあいだには、比較的明瞭な関係があることが、比較調査結果で、わかっている。

体の大きさは、動物の新陳代謝のスピードに関係する。なぜ相関関係にあるのかの「原因」はわかっていない。だが、体が小さくなれば、新陳代謝のスピードが増加する。たとえば、ネズミ（のような小動物）は、数時間餌をとらないと、体の中のエネルギーを消費してしまい、死ぬということが知られている。つまり、新陳代謝の速度が速いほど、寿命をカウントする時計が速くまわり、寿命が早く尽きるのではないか、と予測できるのだ。体が大きくなれば、新陳代謝のスピードが遅くなる。

ただし、各動物には「種」としての寿命がある。最長寿命は遺伝子に組み込まれているということだ。人間には種としての寿命が決まっているので、体が大きい方が長生きできるということにはならない。

2　脳が重い。

体重より寿命に関係するのは、脳の重量である。推測でものをいえば、賢い動物ほど長く生きる「術」(way)をもっているということだ。つまり、賢い動物ほど、外敵や環境変化から身を守る術を十分身につけている、ということになる。

人間の場合も、知能の高い人が総じて(as a rule)長生きの傾向が認められる、といっていいだろう。

ゾウやクジラやワシが、食物連鎖の頂点におり(最強で)、最大であり、最も重い脳をもち、最長寿命動物である理由だ。しかし、人間がゾウやクジラよりもはるかに長寿である理由は、体重に占める脳の重さにある、といっていいだろう。

寿命は「遺伝」で決まる!?

1　長生きは両親(遺伝子)次第だ。

まず、こう断じたい。以下は私事である。

わたしは七三歳の今日まで、ほとんど病気らしい病気をしたことはない。「摂生」(「食欲・性欲を程ほどに抑え、弱い身体でも長生き出来るように健康に気を配ること」新明解国語辞典)

の成果かというと、そんなことはない。自分でいうのだから、まちがいない。健康に特別留意したことは、ほとんどない。むしろその逆だ。吉田兼好『徒然草』は、「友人にしたくない」七タイプを列挙し、その一つに「病気をしたことのない身体強健なもの」としている。他人の病気の痛みがわからない、という理由からだ。わたしには「病弱」な人に対する同情心《シンパシイ》が欠けている。

わたしは健康だ。この健康を最大の頼りに仕事をしてきた。ただし健康はわたしの努力のたまものではない。両親（の遺伝子）を受け継いだものだ。うまいぐあいに、糖尿病・非ガン体質の父系とガン・非糖尿病体質の母系から、遺伝子交換（?）によって、非ガン・非糖尿病体質を受け継いだ（いままでのところはだが）。ただし高血圧体質を父系からもらったので、六〇代に入り、降圧剤を飲みはじめた。

もしわたしが、父から糖尿病体質を、母からガン体質を受け継いでいたら、わたしの人生は、そもそも寿命が、変わっていただろう。

2　出し惜しみしない。

つくづく思うことがある。もう少しで七四歳である。怠けることはあった。失敗し、へこむことはあった。しかし、毎日、出し惜しみしないで生きてきたように思える。健康と長寿のたまものだ。

だが、身体(機械)には、寿命がある。加齢と老化にともなって、欠損、摩耗、劣化が激しくなる。本書は、書きはじめてから三〇日で書き上げる予定だ。二五〇枚書く予定だから、一日平均一〇枚がノルマだ。これがしんどい。五〇代のときは、同じ分量を一月《ひと》で書き下ろすといっても、余裕があった。朝飯前とはいわないが、午前一〇時までにはノルマを終えていた。しかし、二〇年経つと、スピードが違う。フル回転しないのだ。それに、どんなに急《せ》いても、いな、急こうとすればするほど、スムーズに前に進まない。これが七〇代で出し惜しみしないスタイルだ。

仕事のスピードはほぼ三分の一になった。それでも、最低で一日三枚、できれば午前中に五枚、午前六時から午後三時まで、じたばたして、一〇枚というように、歩を進めようとしている。無理強いはできないが、「出し惜しみ」はしない、という気組み(intention)を大切にしている。ま、恥も外聞もなく、である。

ナチュラルに生きる

わたしが、生きる上で、一つだけ「工夫」したことがある。職場は都会にあったが、過疎地に住んだことだ。「自然に」(natural) 生きることだ。といっても、これはネット時代にフィットする生き方だ、とのちにすぐわかった。

1 過疎地ぐらし。

伊賀(三重)、長沼(北海道空知)と、四〇年近くの「過疎地ぐらし」になる。

最初は、勤務地が三重の津で、アルバイト先が大阪で、その中間に居を構えなければならない、という余儀ない事情からであった。最初の職場の給与が、新卒並で、とうてい五人家族が暮らしていける額ではなく、引き続きアルバイト(非常勤講師と家庭教師)が必要であったからだ。

家郷(札幌)に戻って、都会を遠く離れた、「自然環境」がいいという理由からよりも、わたしたち夫婦が田舎生まれで、田舎の、とりわけ過疎地の「土地」が「身」(生命土壌)に合っていたからだ、と本能的に思えたからだ。そうでなければ、伊賀神戸はまだしも、はじめは人っ子一人いない、電気水道ガスもない、公共交通機関はいまもってない、長沼町字馬追の丘陵地に、三〇年間余も住むなんて、できなかったのではないだろうか。

「過疎地」とは、かつて人間が住んでいたところだ。したがって、人が住んではいけるが、農耕や生活に不適ないしは不便なところだ。学校はもちろん、商店もない。全部、車で送り迎え、買い出しの毎日だ。子どもたちは、義務教育を終えると、けっして寄りつかない場所だ。

わたしたちは、（遺伝子を含めた）自分が生まれ育った環境を大事にしてきた。ただ、こういうだけだと、けっして小さくない誤りを犯しかねない。二人とも、自分が生まれた「土地」を棄てるように生きてきたからだ。柳田国男がいうように、歴《れっき》とした「家郷殺し」をしたもの同士なのだ。それでも、なんとか工夫して、魚は「水」に、鳥は「空」に、獣は「森」に生きるように、人間は自分に「かなった場所」で生きる工夫をしたい、と念じてきた。できればその場を最適居住空間にする努力をしたいものだ、と。

特別なことはいらない。水害や土砂崩れの危険のある場所を避ける。生えていた木を大切にする。できれば景観に適した木を植える。虫や小動物の侵入を防ぐために、草を刈る。上水下水の汚物処理を欠かさない。これが最低限度のことだ。

もちろん、地域の人と摩擦を起こさない。目立たない。大声で主張などは御法度だ。行政に手を突っ込まない。「友人」や「仲間」を造らない。

こうやって、るんるんと生きてきた。わたしの長生きの秘訣ではないだろうか。

2　ネット時代を生きる。

ところが、長沼に住みはじめて、五年しないうちに、ネット社会がはじまった。「仕事」がコンピュータで結ばれる情報社会の本格到来である。パソコンさえあれば、遠隔地でも、どんどん仕事ができる時代がはじまったのだ。ちょうどこの時代の境目で、わたしの最初のベストセラー本が生まれた。一九九一年正月のことだ。教師を職業にしたが、物書きにもなれた。幸運であった。すぐに、万年筆、原稿用紙、電話、ファックスの書斎から、パソコン（ワープロ）主体の仕事場に改造する必要ができた。

情報時代である。「注文」は大小をとわず、電子メールでくる。原稿はワープロでうち、完成すると、メールで即刻送る。書籍をはじめとする資料の大部分も、ネット検索で発見・入手可能になる。気分でいえば、過疎地である。誰にも邪魔されず、気兼ねなく仕事に熱中できる時代がはじまった。五〇代に突入して、仕事量は年々増加していった。

3　五〇～六〇代が最高潮。

体力も、気分も、五〇代の半ばから六〇代の前半が、最も仕事の波に乗っていた時代ではなかっただろうか。しかも、基本的には「一人」の仕事である。私設助手はいたが、事務所は札幌で、わたしの仕事に関連する「雑事」をまかせた。

ネット社会の到来で、わたしの寿命は延びた、と実感できた。正確には、同年齢でやれる仕事の量が倍増、三倍増したのではなかったろうか。

それに不思議なことに、「長寿」にこだわらなくなったように思える。六五歳のとき、定年後にやりたい、やり遂げるべき仕事を決めることができた。七五歳まで、五年で五巻（全一〇部）の『日本人の哲学』を書くという課業をもつことができた。残すところあと一巻になった。予定通りである。不思議な気がする。このあとの人生は、格好をつけていえば、「余滴」である。いつ死んでもいい、と思える。十分に長寿を生きた、という実感があるのだ。

「余命」を生きる、つまりはいつ死んでも悔いないと思える余生は、生の充足によってもたらされる、というのが、ただいまのわたしの偽りのない実感である。

1.2 長寿は簡単だ

人命を、自分自身の命を含め、短縮することは簡単だ。特別の工夫は必要ない。大量死、たとえば疫病や戦争、災害や飢饉の例は、人類史上無数にある。こんな例（ただしフィクションだがけっして「空言《ウソ》」ではない）もある。

イギリスの作家で評論家のG・K・チェスタトン（一八七四〜一九三六）は皮肉屋で、大いなる哲学者でもある。邦訳の著作集（全九＋一巻）があり、日本にも多くの読者をもつ。その傑作はなんといってもミステリ短編集（全五巻）のブラウン神父ものである。神父は、シャーロック・ホームズ（コナン・ドイル）やエルキュール・ポアロ（アガサ・クリスティ）と肩を並べる、しかも同時代の名探偵である。大げさでなく、人生の「深淵」と「浅薄」にあいわたる「知恵」の多くをこの神父から学ぶことが可能だ。

次はその傑作中の傑作といわれ、よく引用もされる「折れた剣」（『ブラウン神父の童心』所収）の一節（要約）だ。

〈「賢い人間なら小石をどこに隠す？」

「浜辺だろう。」

「浜辺がない時はどうする？」

「…………」

「賢い人間なら樹の葉をどこに隠す？」

「森の中だ。」

「森がなかったらどうする？」

「…………」

「浜辺がなければ、浜を造り、森がなければ森を生やすだろう。」

「じゃあ、一個の死体を隠すために、どうする。死体の山を造るだろう。」〉

将軍は、自分が殺した死体（証拠の品、折れた剣が残る）を隠蔽するために、八〇〇人の兵士を無謀な闘いに出撃させ、死体の山を築いたのだった。これを狡猾《こうかつ》というのか、愚行というべきなのか、難しいところだろう。しかし、原因は何であれ、短命（short life）は簡単だ。


同時に、人間は「長寿」（long life）に生まれついて（by nature）いる。長命は簡単かつ当然（natural）であるのだ。

人間には自然治癒力がある

医療技術は猛スピードで進化している。不治の病といわれた「結核」も「過去」の病気（といわれるよう）になった。ただし、結核菌感染がなくなったわけではない。不治の病でなくなっただけなのだ。老化にともなう「痴呆」だって、ケース次第で、そのスピードを「治療」で遅らせることが可能になった。世はアンチエイジング法の花盛りである。老化予防薬がバカ売れし、老人美容術が大流行である。病院はもとより、トレーニングジムも、美容院も、老人で満ちている。

しかし、どんな医療技術といえども、現在のところ、人間の最長寿命年齢を超えることはできない。「不老不死」の秘術や秘薬はありえない。技術は「自然」を発見し、模倣《イミテーション》し、合成（改革）はできるが、超越《エクセレンス》し新生（革命）はできない。こういうべきだろう。

人間（技術）は創造主《ゴッド》＝クリエイタではなく、制作者《デミウルゴス》＝プロデューサである。

たしかに人間の平均寿命は長くなった。日本人の平均寿命は、室町期一五歳、江戸期二〇歳（以上推定）、明治大正期四〇歳、一九四七（昭和二二）年五〇歳、一九五〇年六〇歳、一九六五年七〇歳、一九九九年八〇歳と推移してきた。この推移傾向は、日本でも欧米でもほとんど変わりがない。

たしかに平均寿命の延長に、医療技術の進化が貢献したことは否定できない。しかし、その影響を過大視してはならない。

最大の長寿因は、人間（総じて生物）が自然治癒力（自己再生機能と自己防衛機能〔＝免疫力〕）をもつことにある。病院を訪れる八割近くの患者は、病院で治療・投薬を受けようと受けまいと、遅かれ早かれ、自然治癒するか、どんな高度の手術を施されすぐれた薬品を投与されても、治らないか、のいずれかだ。

つまり、医術は、自然治癒力を失った患者を救うことはできない。この自然治癒力を妨害する力を除去し、回復・強化・促進させることができるにすぎないのだ。つまりは医術はあくまでも助力者《アシスタント》なのだ。医療技術の進化を過小評価したいわけではないが、まず重要なのは、人間の自然治癒力を強める、少なくとも弱めない注意だということだ。

もちろん、病院で、日々進化する特別の治療法（新薬や外科手術等）によって劇的に回復する患者も、一割強はいる。えーっ、まだそんな割合なの、とがっかりする人がいるが、わたしとしてはすごい数字に思える。

わたしの友人のなかに、ガンに罹《かか》って、切除手術を受け、リハビリに励み、回復した人が数人いる。再発を常に恐れていなければならないが、日常でなによりも困るのは、免疫力（自己防衛機能）が格段に落ちることだ、とぼやいている。他の病気や障害に罹りやすくなった、というのだ。

それに身体の一部を損傷したら、元通りに回復することは難しい。病気をしたことがないわたしでも、中一のとき左腕を複雑骨折し、手術を受けたきりで、リハビリを怠ったため、左手の握力が弱いだけでなく、右手のような自在な指の動きが困難だ。パソコンを使い出して、キイボードを叩く左右の指がスムーズに連動しない。また、この程度だから、生きて仕事をするのに特段の困難はない。だが、病院や医者に依存すると、自然治癒力さらには自己回復力を減退させることになる。

しかも、病院に行って治療を受けたために、誤診・誤投薬その他でいわゆる「医原《いげん》病《びょう》」（患者の治療のために行われた医療行為が、新たな疾患を引き起こすこと）状態に陥る患者も少なくない。一割弱いると見ていい。この割合も、古代ギリシア以来変わっていない、といわれる。

女性の一〇〇歳一〇万人超えは指呼の間

二〇一四年、日本人女性の平均寿命は八七歳に近づいた。世界一である。男性より六歳以上高い。

近代以前は、女性は男性と比べて短命であった。妊娠から出産までが「難事」であったことによる。近代以降、婦人科医療技術の進化はあったが、「産めや増やせ」の人口（労働者や兵士）増加を図る国が、産院をはじめ助産婦・婦人科医の増加・充実を必須としたことによる。

さらに著しいのは、近年、一〇〇歳以上の高齢者が、それも女性の数が爆発的に増加していることだ。二〇一五年老人の日現在、全国で六万一五六八人になった。そのうち女性が五万三七二八人で、全体の八七％を超えている。驚くべき数字というべきか、当然というべきなのか。しかも、二〇一五年度中に一〇〇歳になった人、なる予定の人は三万三七九人である。

一九六三年、一〇〇歳を超えた人数は、わずか（？）一五三人であった。稀少であった。わずかに五〇年前のことだ。それが、一九八一年一〇〇〇人、一九九八年一万人、二〇〇三年二万人、二〇〇九年四万人、二〇一二年五万人、そして二〇一五年六万人と、幾何級数的に増加してきた。

わたしの母は、一九一八（大正七）年生まれで、一〇〇歳まで生きるといい、かつ細心の努力を払って、その実現をめざし、「医療」に頼ることとひとかたならなかった。母が一〇〇歳になる二〇一八年は、もうすぐである。だが、母は、重篤な「病気」ともいえない病気をこじらし、八六歳、病院で空しくなった。残念至極であったにちがいない。

その一八年に、一〇〇歳以上の高齢者数が一〇万人を超えることは確実ではないだろうか。いま、女性の長寿は、「自然の流れ」（必然）である。しかし、「限界」（最長寿命）という越しがたい限界があることも、知っておこう。

長寿をもたらした「もの」

長寿に、秘術も秘薬もない。長寿をもたらした真因は、高度医療技術や新薬の開発ではない。むしろ、日常生活の「改善」（技術開発）にある、といってみたい。

長寿をもたらした原因をいくつか挙げよう。いまなら、ごく平凡なことにすぎない。

石鹼とガラス

一九九〇年代、まだ鎖国中のミャンマー（旧ビルマ）に入り、日本財団の「調査」に帯同したことがある。東西南北、主として農村地帯の病院・診療所を回った。

いちばん厄介だったのは、想像通り、どこもかしこも「汚染」さながらであったことだ。清浄な水がなく、飲み水はもとより、手を洗うにも事欠いた。それに便所はどこもかしこも排便が山のように詰まっている。臭い。汚い。拭く紙がない。しかも、自由に利用できない。鍵がかかっているからだ。ま、それは仕方ない。だがなによりも手を洗う「石鹼」がなかった。一見して、敗戦後の日本の田舎さながらであった。

住民の家は、田舎では、木材と竹を組みあわせ、屋根は木の皮というのが普通だった。暑いから風通しはいい。だが家の中は、どこも暗い。窓は、板で、ガラスがはまっているところは、ほとんど稀だった。その暗いなかをハマダラカが音もたてずに飛ぶのだ。マラリアの媒介蚊で、日本にも稀にいるが、ミャンマーでは普通にいる。

食べ物は、ヤンゴンにある旅行者専用のホテル以外で食事を取るときは、果皮のついた果物は別にして、なんであれ十分に加熱したものを食さなければ、日本人はすぐに食中毒に罹り、猛烈な下痢に襲われ、高熱を発する。ま、日時を限られた調査だ。注意散漫にならず、なんとか切り抜けることができた。

最初、石鹼は医薬品だった。日本では江戸時代に医者が製造し用いた。貴重かつ高価な品だ。洗濯用石鹼が商業レベルで製造されだしたのは、明治(一八七三年)に入ってからで、そのご洗剤用として普及してからも、石鹼は「高価」なものだった。日常品となっても、敗戦後の物資欠乏時期は、入浴時以外は使用を許されなかった。だから、手から、口から、皮膚から、病原菌が間断なく侵入した。皮膚病、中耳炎、トラホーム、風邪、食中毒等々、わたしたちはありとあらゆる病気の源にさらされた。ミャンマーの一九九〇年代は、そんなわたしたちよりも数倍多い病原菌のなかを暮らしていたように思えた。平均寿命が短い最大理由ではないだろうか。

ガラスの歴史は古い。ガラス窓の普及は、明かりとりもさることながら、日光で伝染病の発生を抑制する効果によって、衛生社会への転換を可能にする画期をなすといっていい。日光の差し込まない屋内での生活を余儀なくされた時代から、ガラス窓から日光が差し込む生活への変化は、わたしの経験からいっても、健康生活をうながす福音であった。

冷暖房

北海道に育った。わたしは水田地帯、妻は原生林である。冬、といっても一〇月から五月まで、暖房がないと、生活に難儀する。それに、断熱材はもちろん、ときに壁土のない家も少なくなかった。どんなに燃料をたいても、すきま風が吹き込んだ。

わたしの家系は高血圧体質で、祖父も父も脳溢血（いわゆる中風）で倒れた。二人とも極寒のトイレで排便中にである。便所は北側に設置され、もちろん暖房などなかった。

そこで力む。脳溢血の危険に常にさらされるといっていい。倒れ、ときにそのまま死ぬことがあった。

学生時代から二三年間、大阪を中心に生活した。冬は暖房設備が貧弱(わたしの場合はじめは練炭のコタツ)で、寒がりやのわたしには堪えがたかったが、死ぬような目にはあわなかった。

しかし、夏の蒸し暑さには、閉口した。逃げ場がない。一九六〇年代、冷房装置は、百貨店か喫茶店にしか完備していない。夜、安眠できない。あらゆるものが湿気《しけ》る、腐る。蚊、南京虫、ゴキブリ等の昆虫攻撃にさらされる。強健なわたしでさえ、毎夏、原因不明(ときに疑似日本脳炎と診断されたが、放っておいた)の高熱に襲われるしまつだった。

統計には表れていないが、冷暖房のない冬の寒さと夏の暑さで、どれだけ多くの人が命を縮めたか、想像に難くない。

入浴と水浴

温浴と水浴は、健康にいい。とくに体を清潔に保ち、未病息災を保つ最上級の手段だ。日本人の長寿(無病息災)の因《もと》の一つである(といっていい)。

夏は暑い。一九七〇年代まで、川、湖、海を問わず、「水」があるところはどこででも泳いだ。毎日のようにだ。その水の「聖地」が、現在、ほとんど遊泳禁止になっている。たしかに、水死の危険箇所はある。だがそれは、今も昔も変わらない。

現在、避暑（暑さ逃れ）に川や海を求める必要がなくなった。泳ぎたければプールで、である。ただし「殺菌」されていなければならない。じゃあ、かつての川や海はきれいだったのか？　わたしの経験では、ごく稀な秘境でないかぎり、川は農薬で、海浜は工場排水等で汚染されていた。それでも、暑い時、危ない、汚い、という警告にもかかわらず、「小鮒釣りし、かの川……」と唱いながら、親たちの目を盗んで、水に飛び込んだ。ただし、水を求めたのは、子どもだけではない。

一九七〇年代まで、寒い、暑いに関係なく、風呂が最大の福の神だった。普通の家庭は、風呂があっても、燃料のことを考えると、週に一回が普通だった。都会では銭湯である。一九六〇年代、夜一〇時を過ぎると、銭湯の湯の底がざらざらになる。汚温水さながらだ。

夜アルバイトから帰る。全身、汗と垢《あか》でかためられたようになっている。夏は水で洗って済ませるが、冬はそうはいかない。銭湯が閉まる間際に飛び込んで、浴槽に目をつぶってそっと入った。いわゆる終《しま》い湯だ。それでも、温まる。洗うとさっぱりする。当時、日本中の温泉（などというと全くもって大げさだが）は、いまなら目をつぶっても入りたくないほど、浴槽内も、洗い場も汚かった。それでも、温まる、清潔になる。日本は温泉天国であった。ほとんどの温泉は、湯治場（hot-spring cure）だった。

長寿の因子

さらに視点を変え、長寿の因を列挙してみよう。平凡なものばかりだ。重要なのは、短命因の持ち主でも、対策を怠らなければ、問題《ノウ・プロブレム》はない、ということだ。

小肥り、血圧低め、非喫煙

「肥満」は不健康の証であり、短命の源といわれる。「自己管理能力」の欠如、無能力の証とされる。対して、スリム（やせ形）は、健康で長命の証といわれる。ダイエット（減食・減量）は健康への最短距離のように喧伝されている。

ところが栄養学者が肥満は成人病の原因だとしているのに対し、日本人は肥るとともに寿命が延びている、という動かない「事実」がある。日本人の肥満度と平均寿命は相関関係にある、というわけだ。それに肥満と脳卒中のあいだには相関関係がないことがわかっている。

ただしいうまでもないが、平均寿命の高さは、さまざまな要因が複雑に絡み合って起こる。タンパク質摂取量・平均国民所得・新聞発行数、国民一人あたりの医師・病院数の多さも関係する。どれか一つを取り出して、決定因子とすると、大きな誤りを犯しかねない。

確実なことは、総じて、大肥満は短命の因といえるだろうが、多少肥っている方が、やせすぎより長命なことだ。

高血圧は短命（脳卒中）の最大因子のようにいわれる。たしかに長寿と血圧は相関関係にある。だが、一般に、長寿には年齢プラス九〇という、いわゆる「標準血圧値」より低い方が適切で、重要なのは、若年時と同じ血圧を保つことなのだ。わたしの家系は高血圧体質だ。だがわたしにかぎらず、若いときには血圧など気にしないだろう。だが五〇代の半ば、海外旅行の途次、首回りが硬直し、卒倒しそうになった。帰国して血圧を測ったら、二三〇を軽く超していた。それから（医者が指定する）降圧剤を欠かしていない。高血圧は予防可能なのだ。

喫煙は、健康の「敵」である。ただし不思議なことに、六〇歳を過ぎると喫煙による心臓負担（虚血性心疾患発症）は次第に減る。だが、ガンや気管支・肺疾患の誘因になることに変わりはない。喫煙はあらゆる年齢層にとって危険因子である。

眼鏡、テレビ、車

スポーツは健康にいい、とよくいわれる。しかしたとえば、人体は「走る」ようには設計されていない。人間（自然）、走るのは苦手なのだ。歩くと血の循環がよくなるという。いささか偏見に聞こえるが、全身に血が回ると、脳に十分血が巡らなくなり、知的活動が低下する、とわたしは「主張」し、運動は控えてきた。というか、嫌い、ということにしてきた。

多産の作家は大食いである。谷崎潤一郎や開高健だ。多産の哲学者も大食いである。西田幾多郎などがその典型だろう。頭（最も血液量の多い体）を猛烈に使うからだ。知識人とは、極論すれば、全身を頭脳化するひとのことだ。

人間、どんなに健康を誇っても、老化には勝てない。最初に「眼」が弱る（老化する）。眼鏡が必要になる。脚が弱くなる。車が助けてくれる。開高健は世界中を駆け回ったが、健脚ではなかった。

テレビがなければ、暇をもてあます。テレビから世界の出来事が居ながらにしてはいる。パソコンはもっと大仕掛けだ。居ながらにして世界中とコミュニケートできる。パソコンがなければ、（わたしは）仕事ができない。

眼鏡、車、テレビ、それにパソコンは、老化しても、若い時から比べると大いにスピードは落ちるが、多少とも、「世界」とコミュニケーションをとり、仕事を続けてゆくことができる「メディア」（媒体・補助）なのだ。私見では、この四つが最大の長寿要因ではないだろうか。

眼鏡なしに活字も映像も景色も入ってこない。人間との密接なコンタクトがとれない。なによりもテレビも観ることができない。刺激が激減する。車があるから、ドア・ツウ・ドア、どこへでも、いつでも、自分の意志で行くことができる。パソコン一台で、定年後も、細々とでも仕事を続行することが可能になる。

もっとも、利便な道具は、眼、脚をはじめ身体自体をさらに老化させる因ともなる。なに、老化は不可避なのだ。補助道具をえて、多少の活性化を図って生きよう、というのがわたしの心づもりである。七三歳、記憶力は最盛期の三分の一に落ちたが、同質の仕事を、のろくても進めることはできるのだ。

1.3 終わりなき夜に生まれて

秋の終わり、北の河川に、いっせいに鮭の群れが遡上する。産卵のためだ。餌をとらず、一直線さながらに産卵場を求めて進むさまは、壮烈（tragic bravery）そのものである。子孫を残すための壮烈な死の行進に思える。

だが大量に産みつけられ、冬を越し、孵《ふ》化《か》した稚魚の何パーセントが、川を下り、外洋に出ることができるのか、再び生まれ故郷に帰還するまで、何パーセント、何パーミルが生き残ることができたのか、想像もつかない。だが大量に産卵するのは、大量に「死ぬ」（捕獲されるのも含まれる）からだ、と推察できる。

日本が南極海でシロナガスクジラ捕獲をはじめたのは、一九三四年であった。すでにノルウェー、イギリス等が捕鯨事業を開始してから三〇年たっており、捕獲のピークは過ぎていた。一九六三年、そのシロナガスクジラの商業捕獲が禁止される。「乱獲」により絶滅の危機にあるとの理由からだった。ところが禁止後もシロナガスの個体数がいっこうに増えない（そうな）のだ。捕獲される危険がなくなったから、少子でいいのだ、とクジラが考えた結果とは思えない。ではなぜシロナガスの個体数が増えないのか？

「子どもがたくさん死ぬから、子どもをたくさん産む。」これが生物界の法則だ（と思える。）

少子化の過程

人間も、生物界の法則に従って、子どもをたくさん産んできた。かつて「人口問題」とは常に、人口過多問題であった。ところが先進国（豊かな社会）で「少子化」問題が生まれた。日本でも、すでに少子化（晩婚・非婚化）の過程に入り、総人口も二〇一〇年前後を頂点に、減少過程に転じた。二〇六〇年までに、九〇〇〇万人を割り込み、二二世紀には六〇〇〇万人へ半減すると予測されている。

生物界で、種が繁栄した結果、少子になった例は見当たらない（といわれる）。人間だけが、少子化の過程を歩んでいる（とするなら）、自然界には「手本」がないのだから、自ら見いだすしかない。

たしかに、先進国で子どもが死ななくなった。（種の維持のために）子どもをたくさん産む必要がなくなった。絶妙な「人口調整」とも思える。

だが先進国における少子化は、平均寿命が延びたことと相関関係にある（と思える）。

わたしの祖父は五〇歳で隠居をした。祖父の時代、周囲の農家でも、六〇歳を超えて現役で働いている人はいなかった。父が働くのをやめた（廃業した）のは、六五歳であった。これも、職種に関係なく、平均値である。わたしは二〇一二年、七〇歳で定年を迎えた。まだ細々とではあれ「仕事」を続けている。七五歳までは、一人前とはいわないが、十分働ける力が残っている（と思っている）。

それにしても子どもの数が少ない。わたしたちが子どもを育てた一九七〇年代、同世代の夫婦が多かったせいか、一一軒しかなかった新開住宅地に、子どもの歓声が充ち満ちていた。ところが一五年後、その住宅地を訪れたところ、戸数は一〇〇軒を超していたが、子どもの影さえ見いだすことができなかった。わたしたちの子どもの世代の子ども（わたしたちの孫に当たる）数は、親の数より確実に少ない。わたしがこの三〇年余住んできた長沼町は、人口一万を下回り、ついに中学は一校に統廃合され、早晩、小学も一校になる予定だ。

たしかに、子どもが少ないと、その地域全体に、活気が感じられない。しかしだ。

人口六〇〇〇万人でも多すぎる？

少子化で、人口減が顕著になると、ＧＤＰ（国内総生産＝総所得）が低下し、国力が落ち、日本社会も日本人も衰弱の一途をたどるかのような、「日本衰亡論」がある。少子化問題の大半は、そんな論調で占められている。

少子化問題を解決するのに「秘策」はないか？　もちろんある。二人以上産んで育てる「夫婦」には、十分な生涯年金を保証する、だ。だが愚策である。かつては「貧乏人の子だくさん。」であった。これからは「子だくさんで、悠々自適！」ということになる。かつて「中学卒が金の卵」だったが、「幼児が金の卵」になる。愚民策だ。

良策はある。産む産まないは、当事者の自由だ。ならば、若くて優秀な労働力を確保するために、積極的に移民策を導入することだ。エッ、安全で平和で豊かな日本人の生活が「崩壊」する因になるって。グローバル社会じゃないか。日本人が海外に「飛躍」するのは、よくて、外国人が日本に「飛躍」するのは困る、などというのは、明らかに「鎖国」策である。新しい「血」と「力」を導入するのは当然の流れだ。日本人が国際社会で相応に活躍する「新力」をもつ導火線にもなる。

それに、である。高度高速技術革新の時代である。一人あたりの国民生産額が上がるのだ。むしろ六〇〇〇万人でも多い、と考えてはどうか。六〇〇〇万人の半分が、活発に働く社会は、国際社会がどう変動しようと、独立国として上々にやっていける。日本よりはるかに人口の少ないヨーロッパの諸国でさえ、立派にやっているではないか。

むしろ、五〇年後、新しい血を導入した日本は、六〇〇〇万人でも多すぎる、というような国になっているだろう（とわたしは予測する）。

長寿社会と少子社会

長寿と少子の関係は、「死」と「生」の関係だ。微妙である。もちろん、社会としても、個人としてもだ。

長寿社会と少子社会は、一見して無関係に思える。だがそうではない。再度いおう。

海の生物の食物連鎖の頂点にいる（とみなされる）シロナガスクジラが、絶滅の危機にあるということで、一九六六年、全面捕獲禁止になった。それから五〇年である。シロナガスクジラの個体数が、いっこうに増えない。以下は想定である。ただし確信に近い。

はじめに、機械のメカニズムとの比較で考えてみよう。機械と生物とは異なる。その活動も異なる。こう考えるのが当然だ。だが、まったく類似した部分もある。人間を「分子機械」と見立てて、機械と比較考察すると、生命の実相がよく分かる場合があるということだ。

「自動車」を例にとれば、その故障のほとんどは、「初期故障」に原因がある。人間も同じだろう。難病の原因の大部分は、初期障害にある。治りにくいだけでなく、完全に治ることはない。

新車は「ならし運転」が必要だ。一九七〇年代までは、「最初は低速走行で行け！」といわれた。エンジンにストレスを与えてはいけない、壊れかねない、ということだった。二〇〇〇年以降は、「最初が肝心。全力でアクセルを踏み込め！」という。車の性能が変わった。高性能になった。ストレスに耐えることができる。慣れるまでストレスを与えない、では、パワーがつかない。こういわれる。なるほど、と納得できた。

初期、少年・青年期に、何であれ、パワーを全開するようなトレーニングを積まないと、同じ排気量なのに、出力がつかない。車も人間も「同じ」（よく似ている）である。

捕獲禁止でシロナガスクジラは、難敵（人間）がいなくなって、パワーをフル回転しなくとも、産育と長寿をたやすくまっとうできるようになった。結果、頭数は、乱獲前の数に戻った、と想像してもいいだろうか？　そうではないのだ。

つい最近、千島列島の間隙を抜けてオホーツク海に進入しようとするシロナガスの大群を、シャチの大群が待ち構えて襲い、半数近くを餌食にする、というテレビ画面を見せられた。壮絶というか、清冽な場面の連続に出会えたと思える。難敵が人間からシャチに変わったことが、シロナガスの頭数が増えない証拠の一つといえるのだろうか？

「締め切り」を設定する

だがわたしは、「死なないから、増えようという必要（必然）がなくなる。」これが生物界の繁殖の法則（種の保存の傾向）だ、と想定する。たんなる仮定ではない。

理由は何であれ、少年青年に、死ぬ要因が少なくなれば、必当然的に、子どもを産む数が減る。つい最近まで、子ども（の養育）は、親の老後扶養・介護の「担保」であった。だが、年金・健康保険制度等で子どもの力を借りなくても長寿をまっとうできるようになった。当然、子どもの数は少なくていい。なくたってかまわない。結婚をしなくとも、家族がなくても、長寿を生き抜くことは可能だ。生物学的に見れば、出生率の低下とは、子どもも大人も死ななくなったことから起こる。人間も、シロナガスも同じことだろう。
わたしは、子どもをたくさんほしかった。しかし、産むのは、育てるのは、妻の領分だ。三人産んで、打ち止め、といわれて、引き下がるほかない。わたしや妻の幼児期のように、「産めや増やせ」の時代ではない。しかも定収入が少なかった。わたしの子は三人、孫も三人である。息子は結婚しそうもないから、わたし（鷲田）の家系は、早晩、途絶える。諦めるしかない（とは思わないが、私の死後にいらぬ難題を残したくない、と私念している）。

難病を抱えて生まれても、死なない。病気で、簡単に死なない。飢え死にしない。戦争や疫病の大量死もない。老衰でも死なない。長寿は簡単だ。「素晴らしい長寿社会だ。」といえるだろうか？

「死なない」という箇所を、「死ねない」に置き換えることができる。いずれ死ぬが、長寿である。その「いずれ」がいつだかわからない。終わりのない「死」をまつに等しいと思えないだろうか？　悲観的観測《ペスミスティック》でこれをいっているのではない。

人間は「締め切り」があるから、切りをつけるべく、がんばることができる。「がんばるな！」という声が「麻薬」のように聞こえるのは、『締め切り』なんかほっときな！」ということだからだ。

「がんばるな！」ストレスに耐える必要はない。これは素晴らしい。だが。これが、どんな一寸《ちょっと》したストレスからも目を背け、体を反転する、虚弱体を造ってしまう。「『虚弱』がなぜ悪い！」こう居直ることも可能だ。だが、社会全体が、虚弱でできあがっていないから、「虚弱」も生きることができるのである。けっしてその逆ではない。

長寿社会である。いつ死ぬのか、いつ最終締め切りが来るのか、わからない社会である。だが、締め切りのない、見いだしにくい社会だからこそ、自分でそのつど「締め切り」を設定して生きてゆく必要がある、と考える。その時々のストレスに可能な限り対抗して生きてゆかなくてはならない。

少年期、夜、終わりのない夢を見続けた。例外なく「悪夢」である。夢にも終わりがあることに気づいたのは、自分で「締め切り」を決め、その締め切りに向かって進むことができるようになってからだ。四〇代に近づいた頃だった。「悪夢」だって終わりがあれば、いいものだ。そう、切実に思えた。

2　長生きはさいなむ

人間が最長寿命動物で、日本人の平均寿命が八〇歳を優に超し、一〇〇歳以上人口が一〇万に達する地点に到達した。敗戦直後、日本人の平均寿命は五〇歳、一〇〇歳以上は数えるほどしかいなかった。日本国と日本人は、ともにその種にふさわしい長寿社会を実現したといっていい。これは、一見して、「成熟」の側面に思える。

だが、日本国と日本人は、総じて、人口減少過程に入り込んだ。このままの過程を進めば、五〇年以内に人口が激減する。さらに少子化（晩婚化、非婚化）の過程が進行する。一見して、「衰退」の側面に思える。

といっても、この二つの過程は、一つの過程の表と裏、弁証法の過程なのだ。「解決策」はある。だが、長寿社会の進行とともに新たに現れたのは、人生観、人間観の変化というより、「革命」とよぶにふさわしい新事態である。何か？

2.1　長生きは幸福ではない

わたしの母は、一〇〇歳まで「生きたい！」ではなく、「生きる！」、さらにいえば息子のわたしに向かって「おまえの骨を拾う！」と公言していた。わたしには、実際、母の願い通りになるのでは、と思えたが、前述したように八六歳で亡くなった。

その母が生き続けていたら、二〇一八年で一〇〇歳になる。指呼の間だ。だが残念ながら、まだわたしは生きている（予定だ）から、母はさらに生きなければならなくなっていただろう。わたしの生死は別にして、一〇〇歳になった母は「幸福」と感じただろうか？　この疑問が、ときにわたしの脳裏をかすめる。

「墓」とは何だ

「長生」は、人間の最大願望である、とみなされてきた。「太く短く生きるのだ！」と粋がっていたような人でも、「いよいよ」となると、「死にたくない！」「もっと生きるのだ！」と願うそうだ。言葉に出さなくても、長寿行動に走るそうだ。この事情は、十分長生きした、と思えるような人でも、変わらない（らしい）。

作家の山田風太郎『人間臨終図巻』（一九八六・八七）は、実在した人物九二三人の「臨終」場面を活写した傑作である。そのほとんどは「もっと生きたい！」という妄執に似た叫びに満ちている。

「宗教はアヘンだ」といった「無神論」のマルクスにも「墓」がある。

一つはソ連共産党が新たに建てた巨大な頭像・墓碑銘の墓だ。もう一つは、マルクスの妻が亡くなったとき葬られた墓（墓碑銘）で、マルクスもこの墓に埋葬された。ともに同じ「共同墓地」にあるから、教会の直属ではない。なにせ、墓は教会や寺院よりはるかに古いのだ。人類の「誕生」とともに、「墓」が生まれたのではないか、とわたしは推測する。

かつて「象の墓場」が話題になったことがある。だが「墓」は人間にだけ特有なものだ（といっていいだろう）。人間はなぜ墓などというものを必要としたのか？　巨大古墳、いわゆるエジプトや中南米に残る「ピラミッド」や日本の「前方後円墳」は、明らかに権力の巨大さを示すモニュメントとして建てられた。だがその場合も、「墓」であることに変わりはない。

《非常に古い時代から——そのころ人々は、まだ自分自身の身体の構造についてまったく無知であり、夢に現われてくるものごとに刺激されて、自分の思考や感覚は自分の肉体のはたらきではなくて、この肉体のうちに住んでいてその死にさいして肉体をみすてて去っていく特別な魂のはたらきである、と考えるようになったのである——この時代から人々は、この魂と外部の世界との関係についていろいろ思いめぐらさずにはいられなかった。もしこの魂が人間の死にさいして肉体からはなれて生きつづけるとするならば、この魂のためになお特別な死を考えだしてやるきっかけとなる事情はなかった。こうして魂の不死という観念が生まれた。この魂の不死ということは、人類の発展のこの段階では、けっして慰めとは思われず、さからえない運命と思われ、また、ギリシア人においてみられるように積極的な不幸と思われることもしじゅうあった。宗教的な慰めをほしがった結果ではなく、同様に一般的な愚かさのために、ひとたびみとめた魂というものを肉体の死後どう始末したらよいか当惑した結果、どこでも、個人の魂の不死という退屈な想像がおこなわれるようになったのである。》マルクスの畏友、エンゲルスの言（「ルートヴヒ・フォイエルバッハとドイツ古典哲学の終結」一八八六）だ。

これは、魂は肉体がなくなっても、独自に生き続けるという「霊魂不滅」の起源を説明したところだ。ポイントは二つある。

一、魂の不死は、はじめ、希望や慰めではなく、不幸や最悪だ、とみなされたという指摘だ。嫌なヤツ、乱暴者等々、「存在」してもらいたくない者の魂は、肉体がなくなっても、いつまでも「存在」し、同じように「害」をもたらすからだ。この魂の「処理」に、人びとは大いに悩み、苦しんだ。

二、この「魂《アニマ》」の活動《アニメーション》を封じる・閉じ込めるために考え出されたのが、「墓」である。死者は「霊魂」ともども、「墓」のなかで生きる。生者は、死霊に悩まされなくてすむ、というわけだ。

わたしなどは、このような「墓」の存在理由を聞かされると、「無知」や「愚かさ」のために、魂の不死が考え出されたり、魂を封印するために「墓」が創案された、などとはとても思えない。むしろ、すごい知恵だ、驚くべき思考だ、と感嘆してしまう。レヴィ＝ストロースいうところの「第一の科学」、すなわち「神話的思考」の威力を、である。

不老長寿願望

魂は「不老長寿」である。だから願望ではなく、生きている人たちにとっては、退屈かつ不幸とみなされた。「墓」を発明し、そこに魂を閉じ込めて、この「魂の不死」という退屈と不幸から解放される道《ウエイ》を見いだした。もっとも、マルクス（の魂＝思想）も、「著作」など残さず、その墓のなかにとどまっていれば、共産主義思想などという「悪夢」は勇躍しなかっただろう。ソ連共産党の巨大なモニュメントに「封印」されることもなかっただろう。ま、いまさらこんな風に考えてもムリ・ムダだが。

死者だけでなく、もし肉体の不死が可能なら、人間社会はどれほどの不幸と絶望を背負い込んだことだろう。ばかげた想像にすぎないが、秦の始皇帝と共産ロシアのスターリン、ナチスドイツのヒットラーとが「世界最終戦争」を戦っていたかも知れない。いな、そのずっと前に、人間世界は完全に滅びていただろうが。

だが幸いなことに、人間(肉体)は必ず死ぬ《マン・イズ・モータル》。生者必滅《しようじやひつめつ》だ。否、生物にかぎらない。「万物は流転する。」(ヘラクレイトス)「不老長寿」は、不自然だ。生物世界の法則を外れる。不可能だ。だからこそ、人間たちは、無謀にも、「私こそは」と、この「不可能事」に挑戦しようとしてきたともいえる。日本にも、「即身成仏」の例がある。たくさんある。

不老不死と錬金術

「不老不死」は、人間が超えることのできない「壁」である。人間の最長寿命は、一二〇歳前後といわれる。実際、生没年月日がわかっている人の最長寿命年は、一二二歳だ

（といわれる）。一二〇歳まで生きたい。それまで可能なかぎり「若さ」を保ちたい。これが不可能でも、できるだけ「長く」生きたい。こういう願望が、かならずしも不可能ではない社会になった。

長寿社会になればなるほど、「一〇〇歳以上生きたい」というのが、「一〇〇歳までは生きるぞ」というのが、幸福願望の通常形になった。こう思える。これは、かつての例外者の「不老長寿」願望が、形を変えたものだ。ちょっと見には、通常《ふつう》の幸福願望に思えるが、かつての人びとから見ると「異常」な、「不自然」なことなのだ。

といっても「錬金術」の存在を忘れてはならない。これを中世社会の「無知」や「非科学」の産物と見くびってはならない。鉄等の卑金属から金等の貴金属を製造しようとした錬金術師たちは、試行錯誤に満ちた「偽科学」者にちがいないが、近代科学・化学の生みの親ともいわれるのだ。当時ではとんでもない「奇想」や「奇行」と思われた「自動」車や「飛行」機が、今日ではごく普通の乗り物になっている。

わたしには、最新の臓器移植や美容整形、健康食品や化粧品等には、「不老不死」をめざす「錬金術」とつながる、いかがわしいものが「混在」している、と思える。「回春」薬とか「延命」手術と銘打たれた医療技術開発に潜む、科学の力を装った、人間に過大な期待を抱かせる効能不明な「まがいもの」たちである。もちろん、こんな警鐘はほとんど耳に届かない。たとえ届いても、かき消される。

長寿という「不幸」

夏目漱石は四九歳で死んだ。「文豪」といわれたのに、ずいぶんな早死にと思えるだろう。だが大正期の平均寿命よりは長く生きたのだ。存分とはいえないが、傑作『明暗』をほとんど完成させた。漱石自身にとってもまずまずの人生（の終わり）と思えたのではなかったろうか。漱石より五歳上で、一〇年以上長く生きた森鷗外の晩節が、うっとうしく不満多いものだったのと、好対照をなす。

わたしの義父（妻の父）は、わたしたちが婚約した直後、漱石と同じ四九歳で死んだ。一九六八年のことだから、間違いなく早死にである。だが、わたしの目には、身体が（漱石同様に）老衰していたばかりでなく、精神に燃えるようなものをまったく見いだすことができなかった。教職にあったが、すでに「現役」を降りていた。もともと陽気で、酒好き、おしゃべり好きなのは、変わらなかった。わたしには、四九歳で急死しても、少しも不思議とは思えなかった。むしろ、「いいときに」逝った、と確信できた。

織田信長も四九歳（数え）で亡くなった。「天下布武」を掲げ、その実現まぎわで、暗殺された。形としては、進路を断たれ、中頓挫である。一見して、悲劇性を帯びている。しかし「天下統一」を果たした豊臣秀吉の死よりも、はるかに満ち足りた、完結した死に思える。そういえば、司馬遼太郎『新史太閤記』は、「太閤記」といいながら、秀吉が天下を取ったところで終わっている。その後の秀吉の「人生」は、語るに落ちた「愚行」と思えたにちがいない。

生きる自然力が減退する

長生きをする。幸福・幸運の指標、あるいは象徴である（かのように）といわれる。たしかに長寿社会は、ほぼ例外なく、そのメンバーが豊かで平和で自由な社会である。それに「幸福」は生きていればこそ可能なのであり、健康で長生きだからこそ実をつける。「死んで花実が咲くものか。」で、「健康で長生き」が無条件に多くの人の心をとらえる理由だ。これには反論が難しい。

しかし、総じていえば、「晩節」を生きたものが「晩節を汚す」という例が数多くある。いわゆる「老害」である。有名人だけではない。むしろ一般人にこそ多く見られる。

長生きは生命力のたまものだ。だが、生きる自然力が減退する。自力で生きることが難しくなる。徐々にあるいは急速に、自制心《セルフ・コントロール》を失ってゆく。これが心身の自然過程である。だれも逆らうことは難しい。

やっかいなのは、廉恥心が失われる。堪え性がなくなる。自分自身の身を省みて、つくづくそう思える。依存心が顕著になる。不平・不満心が、口をつき、表情や行動に表れてくる。「わたしは大事にされていない。」であり、「昔はよかった。」である。

したがって、長寿社会は「老人天国」のようにいわれるが、逆に、活力や生産性の乏しい、したがって「下り坂」の社会という表情を例外なく示す。「戦争のない」社会は、大いに結構だが、「戦争のできない」社会は、「戦争をする力に乏しい」社会は、総じて、活力がない。言葉が過ぎると知りながら、惨めである、衰滅直前の姿をさらす、といってしまう。

「老害」は解消できるか

「公害」（大気・水質汚染等）は、解決不能な人類死滅、いな地球死滅の「原因」であるかのように語られたことがある。一九六〇年代から七〇年代前半である。だが「公害」は自然過程ではない。「解消」はムリだが、「解決」の道はあった。対して、「老害」は自然過程で（も）ある。増える長寿者（老人）の数を減らすことは「困難」なのだ。

人間（種）の寿命は一二〇歳が限度だ。（人工的な延命措置をひとまず度外視する。）たしかに（いまのところ元気な）わたし自身は、七五歳まで（あと一年半）、働く能力を持続できる（と思う）。また、早晩、日本人の「定年《リタイア》」は、ピーター・ドラッカー（『最後の言葉』）がいうように、七五歳まで延長可能だ。それに活力ある社会や国民生活を持続するには、だれもが七五歳まで働く「必要」（necessity　必然）がある。

現状を少し延長すれば、八〇歳「定年」でさえ、困難ではない（とわたしには思える）。ところが、「定年」八〇歳のとき、平均寿命は一〇〇歳にまで延びる（と思えてしょうがないのだ）。たとえば、「団塊の世代」とは一九四七〜四九年の三年間に生まれた人たちを指す（堺屋太一『団塊の世代』）。総計八〇〇万人で、まさに「団塊」である。前後どちらかに一年だけ幅を広げると、軽く一〇〇〇万人を超える。この世代が一〇〇歳を迎えるまであと三〇年余りだ。わたしの妻の世代で、平均寿命は九〇歳はおろか、一〇〇歳に接近するのではないだろうか。もちろん、半数以上は一〇〇歳を突破する。それだけで一〇〇歳以上が五〇〇万人になる。（ただし、平均寿命の延伸は、最長寿命が一二〇歳だから、これまでの速度では進まない。）

もちろん以上を「夢想」の類とみなすこともできる。だが、大正生まれ（平均寿命四〇歳）のわたしの母が一〇〇歳まで生きるとした「夢」を、団塊世代（平均寿命五〇歳のときに生まれた）のわたしの妻はらくらくと達成する、と確信できるのだ。

あなたは平均寿命一〇〇歳の社会を、双手《もろて》を挙げて歓迎できるだろうか？

死ぬ自由

「人権」といわれるが、近代社会では、「自殺の自由」も入っている、とはすでに述べた。（ただしイギリスでは、一九六一年の「自殺法」成立まで「犯罪」とされた。）

人間は「自分の生死」を決定する自由をもつということだ。自由は素晴らしい。双手を挙げて歓迎、というわけにはいかない。自由には、「他人の自由を踏みにじる」自由ばかりか、「自分の不幸を選択する」自由も入るのだ。「自由」について語り出したら切りがなくなるが、ここでは「死ぬ自由」に限定しよう。

人間は、自由権として、「死ぬ自由」をもつ。

作家大西巨人（一九一九〜二〇一四）の傑作のひとつに『地獄変相奏鳴曲』（一九八八）がある。純然たる小説だが、堂々たる「自死」肯定論である。終章の「閉幕の思想」は、老期に達した（？　七〇歳と五八歳の）男女二人（夫婦）が、準備万端整えた上で、人知れず「情死行」を決意し、消息を絶ったところで終わっている。

この「閉幕の思想」を地で行ったのが、マルクス経済学者の岡崎次郎（一九〇四〜八四）夫妻だ。岡崎は、大西作の主人公と同じように、「世間に多少は知られていた」文筆家である。マルクス『資本論』を全訳し、死（？）の前年に出た自伝『マルクスに凭れて六十年　自嘲生涯記』は、このひとを知る人たちの間では少なからず評判をよんだ。自身を含めたマルクスを売り物（ビジネス）にして生きている日本マルクス主義者の生態を率直簡明に物語っている。とくに硬骨で清潔なマルクス主義者とみなされている向坂逸郎の、傲慢強欲振りの活写が見事であった。

岡崎は自伝を友人知人に贈り、家財を整理し、さりげなく別れの会をもち、「これから西の方へゆく」という言葉を最後に、八四年六月六日、夫人とともに姿を消した。しかしすぐに自殺を決行したのではない。使用したクレジットカードは、自宅マンションを出た二人が、品川のホテル・伊豆の大仁温泉・浜松・京都・岡山・萩・広島などを巡り、同年九月三〇日、大阪のホテルを最後に姿をたどることができなくなったことを語っている。

わたしは友人から、「岡崎さんの姿をパリで見かけた人がいる、あるいはポルトガルで亡くなったのでは？」という言葉を聞いた。しかしわたしは氏の死所がどこか、にまったく関心はなかった。岡崎夫妻の「死」は、そのさまざまな具体理由（貧窮・重病・失恋・犯罪等）あるいは抽象理由（厭世《えんせい》主義、虚無意識、終末観、厭離穢土《おんりえど》的・欣求浄土《ごんぐじょうど》的思想等）には還元不能な、大西がのちに作品で展開したような、能動的死、「選択自由」を行使する「死の肯定」であり、「閉幕の思想」の実践に思えた。

ただし、と大西作の主人公はいう。

《こういう自殺の実行者・実行予定者は、必然的に相当の年齢に到達しているはずです。だいたい彼は、中高年者でなければならない。そして、むしろ彼は、どんな意味においても「時間はたっぷりある」とは考えていません。残された時間と自殺決行との兼ね合い、前者と後者の間合いの測定が、彼にとってゆゆしい（困難な）問題でしょう。》

それゆえ、「私の仕事は成し遂げられた。もはやためらうことがあろうか。」《と満々たる自信を持って言い切ることのできたジャージ・イーストマンは立派でもあって幸福

ないのです。》

でもあった、と私は、我が身の無為不生産を忸怩《じくじ》と省みつつ、羨望的に思案せざるを得

わたしは、一にも、二にも、岡崎や大西作が語る「閉幕の思想」に同感する。大西自身も、あるいは、「閉幕の思想」を実行するのでは、と期待ないしは危惧したが、「無為不生産」（?）を理由としてからか、「天寿」（?）を終えた。

死ねない不自由

自分で人生の幕を閉めるのは、簡単か。岡崎のように、大西作が明示するように、「簡単」ではない。その最大理由は、「老い」が「自力」（この力には、意志＝身体・精神力が必須だ）で「死」を決行することを困難にするからだ。これを自分の人生に自力で始末をつけることができない「不幸」である、と考えてもいいのではないだろうか。

わたしは、いい、と思う。

「自殺」は不幸だが、不幸を脱する（という目的のための）手段として、「幸福」選択でもある。長寿は、「死ぬ自由」を失う（可能性が増す、ついには失う）という意味では、明らかなる不幸である。「死ねない不自由」は、病院のベッドに縛り付けられて、

「むりやり生かされる」不幸だけをいうのではない。まだ自分の五体で生活しているのに、すでに自死する自由を行使する「決意」が鈍麻あるいは摩滅しているからで、自由（＝自己コントロール）意識が「閉幕」する結果である。

食べる、眠る、排便することはできる。だが、自由に生きるあるいは死ぬ意志を喪失する。「恍惚の人」である。それまでして、わたしは生きたくない、と思える人は「幸運」なのだ。だが「恍惚の人」になるのは、自分の意志でではない。自然過程だ。しかも「自分＝恍惚」を自覚できない。不幸・幸福のセンスが欠落するのだ。「死ねない不幸」という理由である。岡崎も、大西作の主人公も、これを恐れた。

仕事がなし遂げられた。もはや、自死する力が減退しはじめている。このときを逃せば、自死できなくなる。「恍惚」で生きる方へ一直線に進む。あるいは、岡崎夫妻は「早《は》やまった」、ということはできる。しかし、「遅すぎなかった」といいたい。

「もったいない」ではもたない

一九九〇年、一九八〇年代の好景気を牽引した土地と株価の高騰による「バブル」がはじけた。反動《リセッション》が生まれて当然だった。

すぐに、経済（金儲け）中心主義的な生き方よりも、高い精神文化の遺産を享受する生き方を重視すべきだ、という中野孝次『清貧の思想』（一九九二）がベストセラーになった。わたしの隣町（栗山町）の建築会社「木の城たいせつ」の山口昭社長が、徹底的に廃材《ムダ》をなくし、二〜三世代が同居ないし継続使用可能な、一〇〇年もつ木造家屋をモデルにした（とされる）、浪費《ムダ》を省き簡素《シンプル》な生き方を提唱する本、『もったいない』（一九九四）をだし、これもベストセラーになった。国内外の著名な人士ばかりか、二〇〇四年には小泉首相（当時）も本社を来訪し、「もったいない」に共鳴を示した。だが、すでに同社の売上高は下降を始めており、二〇〇八年には操業停止に追い込まれた。

一九八〇年、生産（労働）中心社会から、消費（生活）中心社会への転換が、日本でも本格化した。「もったいない」の「木の城たいせつ」は、この社会の流れに反旗を翻す。生産コストを絞る。堅固な家を造る。労働コストを徹底して絞り、居住性とりわけファッション性を大幅カットする。鉄筋住宅と同じ強度をもつ、鉄筋住宅と外観、内観もほとんど同じの、一見してそれとわかる、箱形住宅を売り出した。

「もったいない」は「ケチ」と「質素」を基本としていた。消費中心社会、シンプルでもリッチな生活を求める社会の流れに逆行したのか、やがて売れ止まり、社員が離れ、操業停止に追い込まれた原因の一つだ（ろう）。

二一世紀である。長寿社会が進行している。「健康で長寿」が幸福のバロメータになった。「人生の楽園」（朝日系テレビ番組）が二〇〇〇年にスタートした。「脱サラ」をし、都会生活から、山・農・漁村に「移住」し、「自然」相手の生活をはじめた夫婦を紹介する三〇分番組だ。安定した収入のある会社仕事から、まったくの素人自営仕事へ転換する。だが、静かで、時間に縛られない、親和的な人間関係のある生活だ。職種は、そば・うどん屋、カフェー、農事、漁業、ときに常勤仕事もある。だが、ほとんどの人の生活は、朝日や夕日を見たり、夫婦で趣味を満喫する時間もあるが、早朝から夜遅くまで、慌ただしい。忙しい。人の出入りも途絶えない（ように見える）。

自分が選んだ新生活だ。忙しく新仕事に、新人間関係にいそしんでいるからこそ、健康で長生きできる。「新」こそ、新しく生まれたストレスを撥《は》ね返す、ライフ（生活・人生・生命）革新《リストラ》の鍵なのだ、というメッセージがもっと鮮明になれば、いいのに。田舎で、のんびりという人には、とても勧められないのが「人生の楽園！」じゃないか、と思える。

2.2 がんばらない！

わたし（鷲田）は「必死」が嫌いだ。「淡々」かつ「坦々」が好きだ。定職をえる前後からそうしてきた。

三〇代、一日を、仕事（常勤と研究）、アルバイト（非常勤等）、ボランティア（政治活動）、睡眠（衣食住）に四分割し、各々、八時間を当てるというプランを立てた。毎日、八時間分、不足する。その八時間、次の日に順送りするのだ。このプランは、坦々とでなければ実行不能だ。必死ではすぐに息切れする。気分的には、通勤電車で、車窓の景色が通り過ぎるのを眺めるような感覚でなければ、難しい。朝六時に家を出て、夜一二時に帰宅する。家族で食事をするのは稀の稀だ。だが幸運なことに、本業は大学教師だ。春・夏・冬の長期休暇へ、普段はとりにくい研究日を淡々と回した。

わたしは他人に「必死になれ！」と強要するのは、もっと嫌いだ。子どもも含め、他人は、他人だ。しかし「がんばるな！」には、いささか疑問をもっている。自分に「がんばるな！」はいいが、他人に「がんばるな！」を推奨するのは、である。

「まだ働けというのか⁉」

隣町で、福祉団体から講演を頼まれたことがある。高齢化社会に突入した、といわれはじめたときだ。こんなことを、大まかに話した。

六〇歳で、定年退職になる。しかし、まだ「若い」。仕事（できれば賃金のつく）を続けないのはもったいない。ゲートボールや趣味のお時間だけでは、体も脳もなまり、惚《ぼ》ける。それにボランティアの対象になるのではなく、すすんでボランティアをしようじゃないか。なに、沿道や路地のゴミを拾うだけでもいい。若さを保つ、穏当かつ最低限の、老後を元気で生き抜く平凡な方法を語ったつもりだった。

講演のあと、質問の時間になった。一人が勢いよく手をあげ、勢い込んでいう。

〈わたしたちは四〇年以上も懸命に働いてきた。家族のため、会社のためだ。それなのに、もっと働けというのか。あなたは「高齢者」に冷淡だ。社会や国も、高齢者に冷たい。あなたの意見はその代弁になっているのではないか。〉

たしかに、一見してわたしの意見は、老人に対して冷たい。わたしの返答も、さらに冷たい。

老人に、働く能力がなくなったのに、「働け！」などといいたいのではない。この会場にでてくる、あるいは、ゲートボールをする気力や体力があるなら、「種類」を選ばなければ、働く能力は十分ある。その能力を使わないと、すぐに、腐りはじめ、活力を失う。ボランティアは、他人のために、いやいやするのではない。作家の曽野綾子さんは、「ボランティアはこんなに楽しいんだから、自分だけがするのはもったいない。他人にもわけてあげよう！」という。まさにその通りなのだ。「ボランティア」のもともとの意味は、「自分からすすんで何ごとかをする人」のことだ。

この会はこれで終わった。

息子娘に願ったこと

「ストレス」（負荷）のない生き方ができたら、と思ったことはないだろうか。「がんばるな！」が共感をよぶ理由だ。

しかしストレスのない社会は不可能だ。もしそんな社会があるとしたら、「死んだ社会」だ。「紙の上の社会」である。

たとえば「学校」だ。いうまでもなく、学校も「社会」である。敗戦後の学校はひどいものだった。わたしたちの世代は、ほとんど教える能力のない人（教師）に、教わった。一九七〇年代から「ゆとり教育」が義務教育の目標となった。もちろん、「規則」(rule)と「勉強」(work)がなければ、学校の「目的」である教育は不可能だ。学校教育には、これだけは「最低限」、守りなさい、学びなさい、という「負荷」(強制)は不可避なのだ。これは大学へ行っても変わらない。

わたしは、息子娘三人に「勉強しなさい!」といわなかった。(おそらく妻もそうだったろう。)娘たちには「きれいになればいいのだ。」とはいった。上の娘が一種の「登校拒否」状態に陥ることが何度かあった。「学校へ行きなさい!」とはいわない。勉強嫌いの娘たちは「大学なんか行かない!」という。それでもしかたない、と思えた。わたしだって親だ。多少とも勉強した方がいい(少なくともした方がとくだ)、大学へ行かないより行った方がいい(行くだけでもかなりとくだ)、と思えたのにもかかわらずだ。

じゃあ、わたしは子どもに「負荷」を与えることを極力避けようとしたのか。そうではない。勉強嫌いの娘たちが、「負荷」を極力自分の力で凌《しの》いで、まがりなりにも学校に行ってほしい、大学へ進学してほしい、と願ったからだ。

「がんばらなくてもいい!」は、「がんばる力を身につけてほしい」という願いとともにに、わたしにはあった。

「障害」があれば、身を避けようとするのは、動物力（自然力）である。だがいつまでも避けているだけでは、自立して生き抜く力が身につかない。学校教育は、家庭教育とともに、「障害を避けつつ、避ける能力（知・体力）を身につける」機関であり、猶予期《モラトリア》間《ム》でもあるのだ。大人になるための準備期間である。

「がんばるな！」は、がんばることができる能力を身につけるまでの、方法＝手段なのだ。

「がんばれ！」は恫喝に聞こえる

「がんばらない生き方」の提唱が、多くの人の共感を呼んでいる。

八王子に住む新卒のＯＬだ。職場に向かおうとする。足が自然と下り電車のホームの方に向く。気がつくと高尾山の登山口に来ている。この頻度が徐々に多くなる。出社拒否だ。会社はストレスの溜まり場だ。嫌な上司がいる。同僚となじめない。仕事のノルマが待っている。おのずと負荷を避けようとする行動になる。これがＯＬ本人の言い分だ。会社や他者からは、ただの「わがまま」に見える。

こういう人には、まず「退職」をすすめる。だが「がんばらなくていいのだ！」といって、それで済ませることはできない。これは立派な「病」で、大学や高校まで、ひたすらストレスのないところへと回避してきた結果でもあるからだ。学校でも家庭でも、日課（daily work）をこなすトレーニングをしてこなかった結果である。こういう人は、独り立ちする能力がほとんどない、「半人前」ならぬ、残念ながら「準備不足人間」なのだ。けっして、数は少なくない。

新卒が、出社を拒否する「病気」は、家庭で、学校時代にひたすら面倒で嫌なものを回避してきた結果である。外形には現れないが、重症なのだ。もちろん、こういう人に「がんばれ！」は励ましにはならない。「恫喝《どうかつ》」に聞こえると思った方がいい。壊れるか、再起不能になるケースだって生じる。

では「がんばらなくていい！」、だけでいいのか。これでは、いつまでたっても、「病気」から抜け出せない。時間はかかるが、少しずつ・ゆっくりと負荷をかけながら、「がんばり」（hard work）に耐えるためのトレーニングを続けるしかない。これは容易なことではない。まわりに過重な負担を強いる。

「がんばらなくていい！」は、一見、優しい「救済の女神」のように思えるかも知れない。しかし、「幼児」が、長いトレーニングをへて、「大人」になる道を塞ぐ「隘路《あいろ》」(an impasse) なのだ。

「自然」の力

「教育」あるいは「文明」は、人間がもっている「生きる力」(自生力)を殺《そ》ぐ、という考えがある。ルソーなどが主張した思想がその典型だ。その現代版がオーストリー出身の思想家、イバン・イリッチ(一九二六〜二〇〇二)で、「学校・病院・自動車」は、人間が自生的にもっている「学ぶ・癒える・歩く」自律的エネルギーを減退させる、産業社会の典型様式である、と主張し、大きな影響を与えた。しかしこれは「単純」「短絡」思考にすぎない。コンピュータが「脳力」をパターン化、衰弱化させる因である、と断定するのと同じだ。

たしかに、一見すれば、学校は自力で学ぶ力(総じて創造・独創力)を、病院は自然治癒力(総じて生命力)を、車は自力で歩く力(総じて体力)を弱める、という主張に客観的根拠があるように思える。個性、独創力を伸ばす「自由教育」(教え込まない教育)こそ必要だ、という主張が、どの時代も教育思想の底流にある理由だ。

だがこれは盾の一面にすぎない。原生人より現代人は生命力が弱い、脳力は非個性的だ、などというのは短慮だ。考える力、生きる力、歩く力の総体（人間総力）は、明らかに、原始時代はもとより、江戸期をさえ、現在のほうがはるかに強力になっている。たとえば、車があるから、歩かないため、個々人の脚力は衰弱する。事実だ。だが、車があろうとなかろうと、歩く訓練《トレーニング》をすれば、人間は早く、遠くまで歩くことができる。江戸期よりはるかに脚力がつく。総じて、都会で働く人は、歩く必要に迫られて、田舎人よりも脚力が強い。

敗戦後まで、自分の生まれた地域《コミュニティ》の外に出ることは、ほとんど稀だった。つまりは歩く必要がなく、歩かなかった。長距離走は稀だった。

わたしは人口四〇〇〇人の田舎に生まれた。敗戦直後の学童期に、車はもちろん、自転車も稀だった。子ども、大人、老人をとわず、移動は二本の脚だった。わたしは学校に入る前から、正月、お盆と、父に連れられ、祖母の実家によばれ（馳走）に行った。歩いてだ。四キロはあったろう。まっ暗な道だ。もちろん道は舗装されていない。自分の足で歩いた。だが、総じて歩くのは村の範囲内だけだった。「生活圏」は、一日、大人が往って還ることができる距離の範囲にあった。それ以上は歩かなかった。その必要もなかった。もちろんというか、当然というべきか、村内に宿屋はなかった。

北海道は広い。といっても日本の他府県と比較してのことにすぎない。札幌の中心から歩いて一日で往還できる範囲は、札幌の外を出ない。車だと、全道のどこへでも往還できる。車による高速度移動社会である。わたしは、「道州制」(自治体の単位＝北海道・東北・関東・中部・近畿・中国・四国・九州・東京)に賛成だ。難しい議論抜きにいえば、かつては足で移動できた範囲、それが自治体だ。今日は車(自動車・電車)で移動する。かつての市町村(の範囲)が、今日の八道州《ユナイテッド》一都と同範囲なのだ。足社会から車社会に転換した状況に適応している。

都市は生命力の源だ

なぜ若者が、もちろん老人でさえ、都会が好きか。結論を一足飛びにいえば、都会は「活力《エネルギー》」に満ちているからだ。人間に潜在するエネルギーを誘発するからだ。

日本で一番大きな問題は都市問題だ。

最近、ニューヨークがとても綺麗になった。治安状態も含めて、住みやすくなっている。

日本の場合、どうだろう。都市の法人や住民が払った税金が、農村地帯や地方都市へどんどん流れてゆく。地域格差というが、地方が都市を「搾取」している、といっていい。

日本の都市は、一見して、きれいで、便利だ。治安もいい。だが人口比でいうと、文化あるいは福祉設備で、都市が農村（地方都市）よりきれいで、便利だといえるだろうか？

都市はビジネスや遊興空間ではあっても、快適かつ便利な居住空間ではなくなっている。人が住まない都市などは、なかば死んだも同然だ。都市に住む人が戻ってくる施策を講じる、それが都市問題を考えるキイポイントだ。

都市のいいところは、他人に無関心でいられることだ。「都会の砂漠」といわれ、人情が行き交う場がない、と否定的に（だけ）いわれる。だが「人情」が濃すぎてひりひりする摩擦度の大きい「田舎」の人間関係とはちがう、自由な（無関与《インディファレント》でいられる）人間関係がある。

つまり、都市では、貧富、地位、美醜、老若のちがいにかかわらず、共存・混在していける。生き方の多様性が許容される。都会の魅力だ。都市には、基本的に、「競争」

も「競合」も「共同」もある。だから、いきいきとした人間相互のコミュニケーションが生まれるのだ。同調的な交流だけではなく、競合する交流だ。競争こそ人間力を刺激し、増大させる酵母菌なのだ。

「過疎地」の最高の快適さ

じゃあ、おまえ（鷲田）はなぜ田舎に住むのか、といわれるだろう。わたしの住むのは、「田舎」ではなく「過疎地」で、都会の快適さとは真逆だからだ。

過疎地に住む最高の快適さは、極論すれば、戸外の「暗さ」だ。星が、冬の星が、それに西日が、格別に美しい。周りに人がいない。訪ねてくる知人も稀だ。無断で見知らぬ人が進入する心配が（すく）ない。犬を放し飼いできる（できた）。だがわたしの「過疎地暮らし」は、ほぼ一〇年で、快適さの過半を失った。無住の地に、わたしが「ルンルン」と住んでいるので、自然と人が集まってきた。否も応もなく、コミュニティになった。

（残念！）

ただし、過疎地の快適さを語るだけでは片手おちになる。インフラもライフラインもない。電気、水道、ガスがない。公共交通がない。NTTやガス屋はすぐ来たが、水は自前調達だ。学校、病院、店等、なんにもない。車なしには住めない。全部自力で解決する。

実に生活不適地が過疎地なのだ。対して、インフラやライフラインという点でいうと、田舎ははるかに便利だ。好便さからいうと、都会以上だ。

わたしが過疎地に住むのは、住み続けることができるのは、勤務地が魅力ある都会にあるからだ。眠らない街には、老若男女を誘引して止まない、遊興街（ススキノ等）がある。都会で昼も夜もホットになり、自宅でクール・ダウンできる。それに、わたしの仕事の半分、読み書く仕事の全部は、自宅であった。いまは全部が自宅である。わたしほどの在宅人間はあまりいないのではないだろうか。

「人間の力」の裏表

本書で繰り返し述べるのは、総体としての人間の力である。「総体」には、「自然」も「歴史」も「社会」も含まれる。ここでは「大学」との関係で、「人間の力」の裏表について考えてみよう。

一九六〇年、日本の大学進学率は一〇％未満だった。北海道には私立大学は一校だけ。わたしの村の中学同期一五〇人で、大学に進んだのは、一〇人に満たなかった（だろう）。女子はゼロだ（と思う）。じゃあ、女子は知的に劣ったのか？　まったくそんなことはない。「女子大生亡国論」（一九六二年）は暴言の類である。

大学進学率は、一九七二年、二〇％を超え、わたしが教職につくことができた七五年に、二五％（短大を含めると三五％）を超えた。一九九四年三〇％、二〇〇二年四〇％、二〇〇九年五〇％を超える。短大・高専・専修校を含める、いわゆる高等教育機関に進むのは、二〇〇〇年に七〇％を超えたのだ。

こんなに無節操に大学の数が増えて、ムダではないか？

そういう声が、六〇年代からある。（いな、新制大学発足時の一九四九年からすでにあった。いわゆる「駅弁大学」といわれる、都道府県に一つの国立大、教育大を設置した。）さらに、大学を出たからといって、そこで教えられた専門の知識や技術が身につき、社会に出てから生かされるなどというケースは、一割に満たない。過半の学生は、四年間を浪費・空費し、むしろ知的には減退する、などといわれる。

じゃあ、大学の数を減らし、学生の数を大幅減にするのが、いいのか？　まったくそんなことはない。この高度知識・技術社会に必要なのは、大学力の底上げ以外にない。中心は、学生数のいっそうの拡大であり、知的技術的質《クオリテイ》のさらなる高度化である。そのためには、大学自体だけでなく、社会が、とりわけ企業が、より高度な知と技術の研究と習熟を新卒生に要求する必要がある。大学教育研究の充実を政府（文科省）に丸投げせず、金も頭も出すことだ。企業が大学を人材の草刈り場としかみなしていないあいだは、大学も学生も、研究と教育が「一通り」になって当然だ。

「知識も技術も、なによりも学ぶ熱意がからっきしなければ、就職できても、困るぜ。」とゼミ生にいうと、「会社に入ってから一生懸命にやります。」という返事がほとんどである。これでは、大学は新労働力をプールし提供する空間とみなされて、終わりである。

集中力と持続力

大学で学んでも学ばなくても同じだ。どうせ、試験のためだ。終わればすぐ何もかも忘れてしまう。これが大半の学生の実感ではないだろうか。しかしそれが事実であってても、たとえ試験で単位を取るためであっても、なにがしかを学び取ろうと「勉強」しなければならない。大小にかかわらず知的訓練、集中力と持続力を必要とする。体力が脆弱では、集中も持続も困難だ。

受験勉強をせず大学に入り、入っても自学自習はおろか試験も素通り状態で卒業する学生のほとんどは、知的にも体力的にも、集中力と持続力を欠いている。一つのことに、一五分と集中できない。デスクに座り続けることが難しい。偏差値の高い大学と、偏差値四〇以下の大学とを比べると、知的体的訓練に耐えられる学生は、圧倒的に前者に多い。（この点でいえば、企業が「学歴」を重視する根拠はあるのだ。）

試験なんかムダだ。テストした内容はすぐ忘れる。こういう人がいる。だが、「試験」がなかったら、まったく勉強せずに、仕事に耐えるだけの精神・肉体力がほとんどない「人間」が生まれて当然だ。

そんな学生でも、自分の好きな（と思える）ものには、食らいつく。食らいつくが、長続きしない。咀嚼《そしやく》できずに、中途半端で吐き出す。二度と見るのも嫌になる。このくりかえしで、ついには、好みがなくなる。食らいつくことさえ諦める。その日暮らしでいいじゃないか、気楽じゃないか、になる。

大学移転の失敗

七〇年代、地価高騰もあって、都心の大学が「郊外」に移転しだした。空気がよく、騒音もない。自然環境がよく、静かで、勉強や研究に適している。下宿も広く新しく、なによりも安い。こういわれた。

だが、人間は、とりわけ少年や若者は、喧噪と猥雑に満ちた都会の「暗がり」が好きなのだ。わたしはすぐに、この移転は失敗だ、と感じた。たとえば、八王子という学究生活に最適と思われた空間は、学生を、ほとんどの教師を刺激し、誘引しない(失礼!)。やがて、学生は(教師も)、新宿と八王子の中間に(狭い高い)部屋を求め、講義が終わるか終わらないうちに、八王子のキャンパスを逃げだし、バスと電車に飛び乗って、新宿方面へ向かった。これが人間本性(衝動)である。塀で囲んでも、その塀を乗りこえてゆく、本能だ。

わたしは田舎に生まれた。敗戦前、家は村でもっとも大きな商店を営んでいた。一人息子だった。家業を継ぐ、これが「運命」であった。だが一つだけ運命を逃れる「口実」があった。地元の大学より「いい」(社会的評価の高い)大学に進むことだ。高校は「越境」した。受験を大阪に決めたのは、東京には親戚がいる、京都には高校同期が行く、九州は遠すぎる、という「単純」な理由からだった。わたしにとって大学進学（だけ）が「公認の家出」を意味した。なにかになりたいではなく、家郷から逃げだしたい、という理由だ。

それでも、三五歳でようやく地方の短大に就職できた。短大は田舎都市にある。アルバイトで、週二回は、終日、大阪に行く。たしかに刺激の多い都会だ。だが往って還るだけだ。これだけなら、「腐る」。

幸運だったのは、妻が月に一回、東京に行かせてくれた。早朝、電車（近鉄伊賀線、関西本線、中央本線）を乗り継いで、夕暮れどき、新宿に滑り込む。それから歌舞伎町の周辺でT（妹の恋人→夫→わたしに最初にビジネス誌で書く仕事を提供→妹家族を放擲）と飲み明かし、翌朝、新幹線経由で帰宅する。ただの過剰な浪費である。だが、これでエネルギー（精神と肉体）の入力と出力のバランスがとれ、力の「更新」が可能になる（と思えた）。ただし、これはたんなるレジャー、温泉や景勝探訪では不可能である（と確信できた）。

この更新力は七〇代に突入すると、衰退したが、まだかすかに残っている。週一、街（ススキノ）に出ないと、体調がおかしくなり、仕事がはかどらない。ま、いまでは立派な病気だろうが。

2.3 「人間」でなくなる

「自然」は厄介だ。

わたしは、「自然」のなかで住むのは好きだが、「動く自然」＝「生物」は苦手だ。森に入るのは、キノコを、竹藪に潜り込むのは、根曲がり竹を採るためだ。アライグマやキツネやイタチは有害で、雑草はうっとうしいから、除去すべきだと考える。昆虫はどんなものでも苦手で、アレルギー反応を起こす。条件反射で叩き、潰す。だが、侵入してくる生き物には、衆寡敵せずで、専守防衛でゆくしかない。もっとも犬だけは飼ってきた。

もとより「動かない自然」＝「大地」に対しては慎重だ。とくに恐ろしいのは「洪水」である。山崩れ、地滑り、地震、噴火、等々の地は定住地として避ける。だが神経質になりすぎるのもよくない。

ただし、生まれも育ちも、田舎である。わたしを含め、「自然」児がほとんどだった。苦手だ。高校は都会（札幌）にした。大学は大阪で、常に、熊の出るところから来た、と思われていた。だが、わたしの目から見ると、学友たちは、外形は別として、内面は陶冶《とうや》（culture）されていない半自然児のように思えた。人間の自然力に気づいていないからだ。

「自然」の物質代謝

自然が厄介なのは、わたし自身が自然と縁続きである、と強く実感できるからだ。

わたしは、「有害」だといわれる昆虫は、躊躇せず、殺虫剤で殺す。手近に何もなければ、手で叩き潰す。「有害」物は、人間と無関係な存在ではなく、人間が関係をもちたくない存在だからだ。

わたしは、桜の古木が見事に花を咲かせることに、感動できる。同時に、古木だ。倒壊せず、枯れず、見事に花を咲かせるには、延命手術や装置が必要だ。自力で生きられない老衰した樹は、たとえ貴種＝稀種でも、あまりいい気分はしない。たとえていえば、江戸初期の俳人芭蕉や儒者伊藤仁斎が、今も生きていて、彼らに出会うような異様感と同じだ。自然には寿命がある。長生きしすぎは自然じゃない。

わたしが「自然との共生」などとは、安易にいえない理由だ。

人間は、まずは（first of all）、基本的には、「自然」（存在）である。「組織」（生命＝有機体）だが、「部位《パーツ》」の集合、「細胞《セル》」の集まりである。自然存在としては、どこもかしこもとことん「サル」の延長である。わたし（人間）が「自然」にこだわる第一理由だ。

生死に関していえば、生まれたものは必ず死ぬ。その長さに、よほどの手が加わっても、限界がある。最長寿命年齢で、一二〇歳だ（と科学はいう）。

生物は、新陳代謝（＝物質代謝）ができなくなると、死ぬ（活動停止する）。人間も同じで、「死ぬ」とは新陳代謝ができなくなること、より正確には、生命活動を維持するための最小必要量のエネルギー量を確保する基礎代謝が不能になることだ。大雑把にいうと、食料（栄養）を供給できなくなり、生命を維持する最小限量のエネルギー代謝ができなくなると、死ぬ。

だが、個々の生物（生命〔組織〕体 organism）の部位や細胞には、代謝をやめないものがある。体（body 組織）は死んだが、部位や細胞（生命現象を表す機能上の最小単位）は生きている。

人間も生物だ。人間の死は、普通、「生物としての死」とみなされる。だが、もう少し厳密にいうと、生物体としては、細胞レベルで代謝はやめていない。細部では生機能を維持している。

一般に、人間（生物）の死は、生物に基礎をおくが、「医学上の死」を意味する。瞳孔の反射喪失、呼吸停止、心拍停止である。三点（瞳孔、肺、心臓）の活動停止をもって、人間の「死」と、「医者」が判定する（死亡診断書に書く）。

再びいうが、通常の死が宣告されても、人体の一部、多くの部位の細胞部分は、代謝をやめていない。生命活動をしている。最長寿命の限界を超えて、生き続ける。こういっていいのだ。

人間は「過剰な自然」だ

人間は自然だ。同時に、自然を超えている。「過剰な自然」なのだ。

人間は、自然に存在しないものを「創造」する。ただし、「無から有」を生む「神の創造」ではない。自然を素材にした創造で、創造的「製作」のことだ。どんなに独創力豊かに、超自然なものを作り上げたいといっても、その素材は、源をたどれば自然に行きつく。自然の「模倣」にちがいない。

人間の模倣は、生物がする「複製」とは異なる。もちろん人間の模倣のほとんどは、自然の模倣を基本としている。しかし、理由はわからないが、人間は「コトバ」をもってしまったのだ。正確にいえば、コトバとともにある。

人間とは、最単純化していえば、「前（非）人間」＋「コトバ」である。「二足直立歩行」や「労働」も人間の特質だが、「コトバ」が、コトバだけが、非人間を人間にしたのだ（と推断して間違いない）。ざっくりいう。

コトバは、いま・ここにないものを、いまだかつて・どこにもなかったものを、いつでも・どこでも（時と場所を選ばず）喚起することができる。創造《クリエーション》・想像《イマジネーション》力の源(origin)である。

「自由で平等で平和な社会」、共産社会を、人間はコトバで呼び出した。プラトンであり、マルクスだ。こんな素晴らしい社会は、「どこにもない」(u-topia)、「空想」だといって、すまさない、あきらめないのが人間である。コトバで呼び出した「もの」を実現しようとするのも、コトバによる。つまるところ、人間は、過剰で過大な欲望をコトバで喚起する。この意味で、「欲望」(want)は「欠乏」(want)の充足だが、人間（コトバ）は自然にない、ありえない「充足」を要求する。コトバの力とは、実に恐ろしい威力なのだ。

もっと恐ろしいのは、最上・最高のものをえたいという欲望をもつと、人間は、それを実現しようとする、いかなる犠牲を払ってもする意味がある「理想郷」の建設だ、と全エネルギーをつぎ込むことだ。結果は、「徒労・浪費」に終わるだけではない。「悲惨・過酷」に陥り、悪夢が実現する。「逆ユートピア」だ。かつて、といっても、つい最近まで、ソ連や北朝鮮を、「楽園」と呼んだが、それとは逆なものであった、と判明した。

わたしは、人間とは、過剰な欲望を無際限に追求する、過剰な自然（生命力の持ち主）である、と定義する。しかも、人間は、この「自然を超えた」欲望をコントロールするブレーキ（メカニズム）を内蔵していない。したがって、人間（種として）は、超えてはならない「禁忌《タブー》」、「限界《リミット》」を設定しなければならなかった。その対象は、人間の最大・最適・最容易な最大欲望達成手段《メソッド》である、人肉食・近親相姦・殺人の三つである。人間（種）は、この禁忌というイデオロギー（共同の無意識）を自分自身に課すことで、（かろうじて）存続しえている、といっていいのだ。「禁忌」の出所は、「コトバ」（共同の無意識）である。

魂は不滅だ！

わたし（鷲田）は死後の世界（天国、地獄、極楽）を信じない。人間個体（body）は、「灰」

になる。埋葬された場合でも、いずれは「分解」される、と確信する。では「死後の世界」など「無」であり、「灰」にしか過ぎないのか？　死後の世界を「想定」するのは無知で、無駄なことなのか？　まったくそんなことはない。逆である。こう考える。

わたし自身は、仕事柄、「死んだ人」のほうが、「生きている人」よりも、親しみが湧く。あるいは、恐ろしい。司馬遼太郎（時代小説）は、現役の佐伯泰英（『居眠り磐音　江戸双紙』等）よりはるかに、ときに親しく（稀には恐ろしく）感じつつ、長くつきあっている。わたしが司馬作品を読めなくなっても、この親しさと恐ろしさは変わらないだろう。司馬ばかりではない。親疎さまざまな関係を保ってきた「コトバ」（主として書物）は、広くいえば、「不滅」である。いったん地上から跡形もなく消えても、何かのきっかけで、時と場所をえて、「復活」することがある。どんなに忘れようとしても、記憶のなかにデンと腰を据えた、恐ろしいコトバもある。

人はコトバをもつ。肉体が消滅しても、コトバは記憶、記録として残る。人間は、口移しで伝承し、石に刻み、板や紙に書き、印刷して本にし、デジタル記号化してディスクにし、等々あらゆる媒体《メディア》を駆使して、残す。わたしが、書いて、本にするのは、理屈をこねれば、このコトバの世界（その大部分は死後の世界）とつながっている（と感じている）からだ。

このコトバ、出ては泡のように消えてゆく。だが「コトバ」（だけ）が「不滅」なのだ。コトバは人間の「本質」である。コトバは肉体が死滅しても、機会さえあればいつでもどこでも蘇ってくる。いうところの「記憶」であり、「魂」である。はっきりいえば「歴史」である。

ただし、わたしはわたしのコトバが「不滅」だ、などと考えたことはない。わたしのコトバの九九・九九パーセントは、「複製《コピー》」にすぎない。エッ、〇・〇一パーセントはオリジナリティがあるの、といわれれば、苦笑いするしかない。

わたしたちは、肉体が消滅しても、「魂」は存在するとみなし、その魂の尊厳を汚す、傷つける言動を許さない。場合によっては、法で「禁止」し、「処罰」する。

はじめにコトバ（logos）があった。コトバが神だった。これは「聖書」に特有のことではない。『日本書紀』も、マルクス『資本論』も、吉本隆明『共同幻想論』も、「魂《ソウル》の不滅」の真髄《エセンス》＝神髄《スピリット》は、「コトバ」にある、という例示だ。

「自然」は自殺しない

「盛者必衰」(The prosperous must decay.／What goes up must come down.)という。『平家物語』の世界だ。「生者必滅」(All living things must die.)という。この二つははっきり異なるが、つながっている。

開高健が文壇にその「名」を最初に印した作品が短編「パニック」(一九五七)である。二七歳のときの作品で、筋は単純だ。

一二〇年ぶりに、突如(という形で)、ネズミが大量発生し、集団ヒステリーのように暴走し、猛威を振るって、畑といわず、山林といわず食い尽くし、赤ん坊までも食い殺した。人間(役所)はその大群の前進をとめることができない。無力であった。だが、突如、暴走は終わる。大群が湖に飛び込んだからだ。あたかも集団自殺したかのようであった。

このネズミの集団行動は、「自殺」ではない。じゃあ、何か? 「自然現象」である。火山が爆発する。地震が起こる。高潮が襲う。豪雨、寒波、猛暑、降雪、等々と同じように、「自然」の営みである。ときに人間も「集団ヒステリー」に陥って、「集団自殺」をする。テロリストは「自爆」を辞さない。一部は、人間の「自然」(に因があると思うほかない）「現象」だ。

人間も「生者」だ。必ず死ぬ。だが、自分の命を自分の力で絶つことができる。「自殺」だ。ただし注意しなければならないのは、「自殺」には、「単独」であろうが、「集団」であろうが、「理由」のいかんを問わず、十中八九、「自然現象」としかいいようのないものもある。その数だって、けっして少なくない。どうです、皆さんのなかで、一度や二度、「死にたい」、「死ぬほかない」、「死んで恨みを晴らしてやる！」、などと思ったことはないだろうか。クールに思い起こしてみると、山ほどあるのではないだろうか。しかし、いちいちこの思いを行動に移していたら、人間はすぐに死滅してしまったろう。

人間（だけ）は自殺する。同時に、人間は自殺を止める「ブレーキ」、ただし外付けの阻止道具をもっている。正確には「案出」した。こう思っていいのではないだろうか。くり返しいうが、「殺人」を抑制するブレーキ、すなわち「共同の無意識《タブー》」（自然）である。

人間社会に「自殺」は稀である

「自然」は自殺できない。人間も自然である。だが人間は自然を超えているから、自殺できる（といわれる）。「壊れた自然」といわれる理由でもある。人間が人間である「証明」は、自殺できる、自分自身の生死を自分で決める自由をもつ、からだ。こう言い切ることも可能だ。

人間は、自殺できるが、同時に、自殺を抑止できる。人間は、自殺する能力をもつが、同時に、自殺を抑止する能力（脳力）、「タブー」を創出した。素晴らしい「発明」で、三大タブーの一つである。こうして人間は、類として存続することができた。人肉食・近親相姦・殺人を「禁忌」とみなすことができた類（人たち）の子孫が、今日の人類として生き残ったのだ（と推測してまちがいない）。

同時に、人間は、どこまでも自然である。第一に、人間社会に「自殺」は稀である。

エッ、日本で毎年三万人ほど「自殺者」が出るじゃないかって？　だが子細に調べるまでもなく、世上「自殺」とみなされているものの大部分は、自殺ではなく自然現象である。幼児は自殺しない。正確には、できない。少年の「自殺」は、避けようと思えば、簡単に避けることができた、無思慮の結果だ。高齢者は、とりわけ老衰者は、自殺したくても、死ぬ体力（と気力）がなくなる。

「自殺」も殺人だといった。人間は、自殺する自由をもつが、殺人を「タブー」とする。もとより、自殺も殺人だ。自分を殺すのも「タブー」（無意識のブレーキ）である。（他人の）殺人より、より大きなブレーキが働く。

だから、人間は、自分を殺す能力のあるなしにかかわらず、「自殺」しないのだ。できないのだ。しかも高齢社会だ。「丈夫で長生き」が幸福の徴《しるし》のように唱《うた》われ、一部、賞賛される。ますます人は死ねなくなる。死ぬことにブレーキがかかる。

生死の境

死者は「復活」、生を取り戻すことができない。だからこそ「死者」という。

死者が蘇るのは、生者のなかにおいてだ。よく「臨死体験」といわれる。だが「体験」である。「死」を体験はできない。「臨死」、死に臨むであって、死に浸るのではない。単に生と死を別つ、生側の「淵」までいった（ような）体験だ。この「淵」は架橋不能な深さと広さをもたなければ、生死の「境」ではない。「死」域に渡って、再び「生」域に戻ることはできない。「死」は体験できない。想定、疑似体験できるだけだ。

したがって、「臨死体験」で語られる人間の「死」は、どんなにリアルでも、いなリアルであればあるほど、「生」側のもので、「想定」(仮定)にすぎない。「思想」といっても、「瞑想」といっても、変わらない。ときに「悪夢」である。

だが「想定」がつまらない、といいたいのではない。まったく逆だ。

「死」の想定(supposition)は、さまざまな想定の大本にある死の「定義」(definition)は、歴史的に大きく変化してきたように思える。昔は、生死の境が「曖昧模糊」としていたように思えてならない。グレーゾーンが空漠と広がっていた。だが、ここが絶妙なところで、昔も今も、死の「定義」の大本は変わっていないのだ。

「死」は「生」の終わりである。しかし「生」とはなにか?

「アニマ」(anima)であり、アニマをもったものをアニマル(動物)という。人間のを含めて、アニマとは、総じて、魂、精神、生命力、息を指した。「息」のなかに「生」があり、「息しているもの」が「生きている」とされた。ただし、息を止めても、かなり長く息が停まっても、心拍がある。瞳孔散大せず、光を当てると反応する。これも生きている「証拠」とされた。

人は長いあいだ、呼吸(肺)、拍動(心臓)、瞳孔反応(脳〔=眼に直結〕)の停止、この三徴候をもって人間の死、とみなしてきた。死に神秘的意味をもたせてきた人間が、死をきわめてリアル（生物的・生理的）に観察・定義してきた、といっていいだろう。

だから人間たちは、息を吹き返す可能性がなくなるまで、埋葬（土葬火葬）しない、と「約束」（共通了解）してきたのだ。息を吹き返すこと（「再生」）を儚く願って、七日、あるいは四九日、さらには一年は、「埋葬するな！」と遺言した者さえいた。だが、心肺脳の停止がかなりリアルかつ明確に、機械で「客観的」に「測定」できるようになってからは、可及的速やかに、焼却、埋葬するようになったのは、当然であった。

しかしだ。心拍停止は、心電図に平坦波形が出ても、再びピクッと動く。なぜか。心臓は、いわば止まったり動いたりしながら機能をやめる、死んでゆくからだ。医者が「死」を宣言するのは、平坦波形が（比較的）長く伸びたときで、医者が宣告から時をおかず、心電計を止める。

以上の死は動物の死を基礎においているが、「医学上」の死の定義である。生物学は、先に述べたように、心肺脳が（機能を）停止しても、人間の身体の部分は生命活動をやめていない、とみなす。したがって、「脳波」を計る測定機が「停止」を表示しても、脳の一部（たとえば聴覚）は生きている場合がある。たとえば聴性脳幹（auditory brainstem）反応検査で「反応」が現れる場合だ。

「脳死」は自明なことか

心臓が停止すれば、いずれ血流循環が停止し、酸欠で肺も脳も機能停止する。だから「心死」で人間の死を代表することが通例になったのだ。だが、一九五〇年代、人工心肺装置が実用化された。呼吸が止まっても、心臓が停止しても、この装置で、脳や全身に血液（酸素と栄養）を送ることが可能になった。従来の死の定義では説明できない事態《リアリティ》が生まれたのだ。

人工心肺装置のおかげで、一九六〇年代、「心臓移植」が可能になった。「延命」や「再生」の福音が登場したとみなされた。だが難点があった。従来の「死」の定義によれば、心臓移植は殺人行為である。なぜか。ことは単純だ。

患者の「心臓」を除去しないと、心臓移植は不可能だ。生きた心臓を除去する医者は、「告発」されるされないにかかわらず、殺人容疑者あるいは殺人犯になる。この「殺人」を避けるためには、心臓移植の場合、人間は死んでいない・生きている、とみなす必要がある。心臓が停止しても、人工心肺装置で脳やその他の機関に血流がいく。

脳は機能を停止しない。

脳死をもって人間の死とする。これが心臓移植手術を殺人ではなく、救命医療であり、合法的な行為だとする。かくして脳死が、心死とともに、人間の死とみなされるにいたった。

では「脳死」とは自明なことか。心臓の拍動は、肺呼吸とともに、容易に確認（触知）、測定できる。しかし、脳はそれぞれ異なる機能をもつ組織（機関）が複雑につながり絡み合った、触知困難な部分をもつ組織である。いってみれば「重層的非決定」組織なのだ。その全体的な生と死の境を判定し、測定することは、非常にむずかしい。心死のように単純に判定できないのだ。

「心死」と「脳死」のダブルスタンダード採用で、「生死」の境が、簡単な見分（observation）ですんだ「段階」から、非常に複雑な検分（examination）を必要とする段階に移ったのである。「脳死」は、「臓器」移植を延命医療行為として正当＝合法化するために「案出」された、新しい側面をもつことを、忘れてはならない。

メタフィジカルな死

メタフィジカル（形而上学的）な死とは、また大そうなよび方である。しかし、どんなにモダンな人間でも、「死んだら灰」といいながら、死、とりわけ自分の近親者の死を「灰」同然にとりあつかったり、とりあつかわれたりすることに、耐えられない。近親者の墓を暴かれたら、許せない。

わたしたち人間は、うたがいもなく、人間の死を、あるいはほぼ死一般を、医学上《メディカル》の、あるいは生物学・物理学の死《フィジカル》「以上のもの」とみなしているのだ。死の、文化的、宗教的、精神的、人類学的、哲学的、等々の意味とみなされているものすべてを総称して、フィジックス（物理学）を「超えたもの」・「以上のもの」＝「メタ」、というので形而上学のというのである。

医者が死を宣言する。死体が現前にある。その死体を一個のモノ＝フィジカルなモノとしてあつかうことができるだろうか。通常の神経では、けっしてできはしない。もし死体に対して、まるでモノをとりあつかうようなぞんざいなやり方がなされたならば、死者だけでなく、その死者につながる者たちまでも、ぞんざいにあつかわれたように傷付き、あるいは立腹するということになる。（ことは、たんなる感情の問題ではない。

刑法第二四章第一八九、一九〇、一九一条は、墳墓発掘、死体遺棄等、死体損壊等の項をもうけ、遺体、遺骨、遺髪等に対する勝手な処置や損壊をかたく禁じている。）

死はたしかに戻ることのできない生からの断絶である。だが、死体がただちに生命活動をやめないということはいちおう措《お》くとしても、死は、生体から死体への断絶につきないのだ。生者から死者への移行は、生あるモノから生なきモノへの移行につきない。この移行を、わたしたちは、一つの連続性をともなうものとみなしている。たしかに、死によって「あるもの」が消失する。しかし同時に、死によっても「別なあるもの」は連続してゆく、とみなすのである。

長寿社会である。「生」と「死」の境が、むしろ太古と同じように、ぼんやりし、不分明になって、はじめてこの世を去ることができるようになったのだ。長寿社会の「幸福」（光）は、「不幸」（闇）と微妙に重なり合っていることをおわかりいただけただろうか。

3　書斎の死体

生まれたときは別として、親がなくても子は育つ。「人間、一人で生きて、一人で死ぬ。」こういう人がいる。粋がっているとしか思えない。こういう人にかぎって、老後は、一人で生きることが難しい。他人に依存する。社会福祉の貧困を嘆く。他人なしの寂しさには耐えられない。こう嘆く。なぜか？

「書斎の死体」同然だからだ。立派な本があるのに、それを活用できない、死体も同然の関係しか結べないからだ。「本を食う虫」のように生きる、これを老後の生き方の中心におけるかどうか、が問題なのだ。

『理想の図書館』（一九九〇〔原著一九八八〕）という分厚い本がある。書店、学校、ジャーナリズムなどでくり返されてきた要望、「それぞれの分野で基本的に読む本は何か」を各分野別にリストアップ（各分野、全八五冊＝一〇冊＋二五冊＋四九冊選び、最後の一冊を自分で選ぶ）し、コメントする一種の読書案内「事典」だ。いろんな意味で便利だ

（たとえば邦訳の有無がわかる。文献案内として利用できる。索引がある）。たしかに「わたしのとは違うなー。」と実感させられる箇所はあるが、ナバコフの脚注は、秀逸だ。

好きなことに熱中できる、これが「グッド・ライフ」だ。年齢、性別を問わない。とくに「老後」のグッドな生き方に、読書がある。まちがいない。その読書が集まって「理想の図書」になる。

3.1　理想の「老後」

わたしも、若い時は「若さ《バイタリティ》」にまかせて生きた。単純化していえば、「頭脳」でなく「体」(body) 中心にである。

ときに「頭」のことに熱中することはあった。トルストイ『復活』は二晩徹夜して読んだ。肉体の勝利でもある。だが七〇歳を過ぎると、どんなに面白い本でも、徹夜はきつい。「明日があるさ！」ですますことができる。肉体がもたない。干からびる感じが抜けない。だが最大の理由は、「時間に余裕がある」からなのだ。

六〇代には、まだまだ生きる心づもりだったから、どんな生き方がベターか、を考えた。わたしは理想主義者ではない。とはいっても「理想」はある。他人と比較して、かならずしも「低い」とは思えない。だから言葉でいえば、わたしのベターな生き方とは、「理想の老後」ということになる。

本を読む。そこに本がありさえすれば、いい、満足だ、ということにはならない。妻も、毎日本を手に取る。眠り薬代わり、というが、種類はどんな本でもいいらしい。ただし、「自分」の本である。ほとんどは、超安価で手に入るらしい。

わたしの最大の幸運（の一つ）は、三五歳で、独立した書庫・書斎をもつことができたことだ。そこに本が徐々に埋まってゆく。ただもうそれだけで快感であった。その後、移転のたびに、書庫・書斎は新しくなり、改築も含めて、四度目の書庫・書斎が現在のものだ。人生が四度革《あらた》まった、といっていい。

本は処分しない。この原則で六五歳まで来た。だが大学の研究室を引き払わなければならない。その前段に一度売却した。定年になって、もう一度処分した。一種の「断捨離」である。二束三文だ。だが、すっきりしない。体の一部を失ったような、なんともやりきれない思いが残った。

いま現在ある蔵書が、わたしの「理想の図書館」の本体である。未読の本が、過半を占める。だが全部読んで死にたい、読み切る前には死ねない、などと考えたことはない。

3.2　自分の「本」を何度も読む

読書の過半は、仕事（講義、論文や著書作成）でのものだ。総じて仕事で読む本、読まざるをえない本は、面白くない、といわれる。どうもわたしは逆であるらしい。それに、ただ興味本位で読んできた本も、仕事で使うようになる。活用だ。仕事で読む本はつまらないか？　まったくそんなことはない。それに実に有用なのだ。

わたしは、仕事のために、自分で書いた論文・エッセイ・著書を問わず、読む。読まずにはいられない。「自慰行為」としてではない（といったら嘘になるだろう）。新しい仕事の「参考」にするためだ。わたしがものを考え、書くに当たって、もっとも参考にしたのが、谷沢永一先生の著作である。その次に、自分の著作ではないだろうか。

それも、何度も読み返すのだ。「書く」ことの副産物というか、基本作業の一つだ。「書く」、何度も読み返しながら書き直す。推敲するという。定稿になって、もういちど読む。出版社から来るゲラ（活字）刷りを校正する。多いときには三度だ。新刊になってから、読む。さらに、参考、参照のために読む。何度、自分の書いたものを読む羽目に陥ることか。

何度も読むから、記憶となって濃密に残るかというと、そうではない。むしろ、そういう類の文章は、忘れる。何度も読むから、むしろ、忘れたい、という感情が強くなるのだ。自分の書いたものをくりかえし読む功罪の一つだろう。

わたしは雑多なものを含めて、人一倍書いてきた。あるいは、多産家の谷沢先生より、多く書いているやも知れない。これからわたしの人生はいつまで続くか、不明だ。しかし、わたしは、自分が書いた本を読む楽しみだけは、失わないのではないだろうか。理想の読書の一つ、と思える。

3.3 わたしは、わたしの死体＝著書を食べる

カフカの『変身』は、主人公がある日、巨大なイモ虫に変身してしまう、という話だ。「不条理」文学などといわれるが、これを一読したときから、少しも「不条理」感をもたなかった。この小説の主人公は、「虫」になることを（おそらく漠然と）願った、と思えたからだ。「がんばりたくない！」人の「願望」とよく似ている。

わたしは「母」から「勉強でがんばりなさい！　一番になりなさい！」とよくよくいわれた。やだし、母にだけはいわれたくなかった。「勉強でがんばる」は、母にいちばん似合わなかったからだ。他人から「がんばれ！」などといわれたら、「がんばるのは、おまえだろうに！」と無言でつぶやくのを常とした。天邪鬼《あまのじゃく》だったのだろうか。そうではない。

「がんばり《ハード・ワーク》」は実物を見なければわからない。「神話」に描かれた遺跡の発掘に奔命したシュリーマンや福沢諭吉は、「がんばり屋」の典型だ。すさまじかったことは、疑いえない。だがそのがんばりは、「本」のなかのもので、実際は、遊びもゆとりも存分にあった、と思える。対して、山田風太郎『甲賀忍法帖』の「変身」はすさまじい習練、何代にもわたる血のにじむ「奔命」の結果である。カフカの「変身」とはまったく違う。僥倖《ぎょうこう》や突然変異ではない。自然界では、とてもありそうもないことだ。だから緩急の「余裕」がなく、ただただ「奇異」に偏していて、忍者たちは、一瞬にして自爆し自滅する。

なぜ「書斎」が、「本」が、人生にとって不可欠なのか？　特殊異常な人間にとってだけではなく、人間一般にとってだ。

人間はコトバだといった。人間（だけ）は、コトバをもつことによって、人間になった。人間は、生物だが、その基本部分は、コトバでできあがっている。「歴史」とは「記録されたもの」であり、コトバなのだ。

つまるところ、人間（個人）も人間（人類）も、コトバでできあがっているのだ。そして、本とは、まぎれもなくコトバでできあがっている。

「本を読まない人間は、成功を勝ち取れない。」などというのはケチな考え方だ。本を大して読んだことのない人間のいうことだ。否、一冊も本を読んだことのない人でも、始終本を読んでいるのだ。読まされているのだ。人間はコトバでできているのだから、人間は、即、本であるといって、何の問題もない、とわたしは考える。

本がなくて、何の人生だ、といおうというまいと、人生は本のなかに埋め込まれている。

高村光太郎の「道程」をもじっていえば、

どこかに通じている大道をわたしは歩いているのじゃない
わたしの前に本がある　わたしの後に本ができる　本はわたしが歩いてきた足跡だ
だから人生の終わりに近づいてもわたしは本とともにある

「本」が生死の指南

シュリーマンや福沢諭吉の「本」は、現実の「人生」、「生死」よりも、極端な「生」を教える。そのまま見倣ってはならないが、見倣う基本を示す。

対して、山田風太郎の「忍法」は、どんなに奇異奇怪に見えても、毎日の習練を積み重ねた結果に思える。積み重ねは、日を区切り、週を区切り、月、年、一〇年、と期限を区切って、坦々と歩んだ結果である。「締め切り」を区切って、一つ一つがんばって進む。これを、他のだれでもない、わたしは「本」から学んだ。

「本」が人生の、生死の指南である。わたしにとってだけではない、と思える。ただし、激しく生きた人には、穏やかな死は訪れない。自爆にちかい死が待っている。こう、覚悟してほしい。

エッ、自爆が嫌なあなた、いまさらカフカの虫になりたいって⁉ それはもう遅いだろう。わたしはもう半ば以上虫になっている。自分の死体＝著書を食らう虫だ。そういう想いで、ベッドを抜け出し、昼前は、ずっと書斎にこもる。虫食う虫だ。これって、一種の自殺じゃないだろうか。穏やかな自死だ。

第Ⅱ部　ゼロに向かって

人生は誕生から臨終までの進行である。一見すると、ゼロからゼロへの移行だ。もちろん、平坦コースではない。どんな人にも、上り坂もあれば、下り坂もある。もちろん、誕生も死も文字通りの「ゼロ」ではない。「無」から「無」への展開ではない。「有」から「無」への転化でもない。

ただし、一見すると、誕生は死のはじまり、「出発」(the start)であり、死は生の終わり、「目的」(the end)である。生と死は、両極端(此岸と彼岸)に分かれている。だが、よくよく考えてみるまでもなく、誕生は「はじまり」(in the beginning)であり、「臨終」は終わり(at the end)にすぎない。しかも生と死は表裏一体である。一年生きた、は一年死んだだ。死は生の彼方にあるのではない。生のなかに、正確には、生とともにある。たんに「共存」しているのではない。二つは一にして二、二にして一、という不可分離の関係にある。生がないところに死はない。死がないところに生はない。

ゼロへ向かってとは、「生の消失」=「死」に向かってを意味するだけではない。「生の充足」=「死」に向かって、をも意味する。死ぬ力とは生きる力なしには生まれない。改めて、こういいたい。

4　そして誰もいなくなった（不可能な死）

推理小説の女王、アガサ・クリスティ（一八九〇～一九七六）の傑作のひとつに、長編『ゼロに向かって』（一九四四）がある。「性癖」(nature)は、極論すれば、「遺伝子」は変更できない、という「思想」を基本とした推理小説《パズラー》である。しかし彼女の小説の「特質」(nature)も、処女作『スタイルズ荘の怪事件』（一九二〇）から『運命の裏木戸』（一九七三）まで、変わっていない。『ゼロに向かって』とアイデンティティ(identity)が同じである、といっていい。「処女作」にすべてがある、ということだ。

ただし、まずはお断りしておくが、これまでも、これからも、クリスティの作品名は、内容上、たんなるサインにすぎない。

4・1　人生は不可解だ

わたしの父は、商家の長男に生まれ、一七歳で家業を継いだ。大家族であった。わたしが知るかぎり、敗戦直後に数は減ったとはいえ、祖父母二人、父母家族五人、父の姉家族四人、父の妹二人弟一人、その他使用人が同居していた。祖父は隠居後も君臨していたし、周辺に祖父の「一族」が住み、家族・親類・縁者の人間関係はかなり複雑だった。

父はほぼ五〇年、廃業するまで、同じ村、同じ番地で、同じ仕事を続けた。廃業し、わずかに庭作りなどを楽しんだが、七〇歳で逝った。浮き沈みはあったが、敗戦と復興期を乗り切ったのだ。一生をならしてみれば、国民の半数が飢餓寸前に陥ったときも、生活苦に陥ることもなく、平凡だが幸せな一生を送ったといっていい。

近所に同じ歳のSがいた。活発で、利発で、明るかったが、ある日発病し、あっというまに亡くなった。小学校にあがってすぐであったから、わずか一〇年に満たない一生である。母親と二人だけの生活で、たしか間借りしていた（ように思える）。父親はいなかった（のではないだろうか？）。ただし、それほどの私的結びつきがあったとも思えないが、通夜と葬式は、七〇年余経験したどんなものよりも、鮮明に思い出すことができる。わたしといえば、お西（西本願寺系）の坊さんの説話（ほとんどはSの生い立ちから死までの短い一生）にじっと耳を傾けていた。悲しかったのはいうまでもないが、早く逝ったことが、多少羨ましかった（ように憶えている）。

わたしの父とSの「人生」は、そのどの部分をとりあげ比較しても、長短、振幅、深浅、軽重、濃淡等々、まったく異なる。だが、各々の人生の「大部」と「細部」をどれほど細かく詳しく調べていっても、その「部分」も「全体」も再構成することは不可能なのだ。短いSの一生が、より簡明で、より理解しやすい、というわけにはいかない。

残念ながら、人生は車の部品を一つ一つ組み上げてできあがる、というようにはいかない。だが、車だって、同じ部品（パーツ）を同じように組み上げる（compose）からといって、同一の車ができあがるわけにはいかない。完成品にはそれぞれ、微妙かつ独特な違いがある。「個性」といっていい。どんな人生も「等価」だという理由だ。

どんな人生にも起承転結がある

人生に長短がある。太い細いがある。しかしどんなに短く、細い人生だといっても、のっぺらぼう（monotone）ではない。「起承転結」（a well organized piece of living）がある。むしろ、短い人生に、より鮮明な「起」と「結」がある。「承」も「転」も見いだすことができる。そのどれも、意識的にそこに凝縮されてあるように、見える。

病床にあったSが、あるとき、わたしの手をとり、しっかり握ってきた。そのとき、わたしは、Sがもう少しで死ぬのだ、と確信できた。Sはわたしに「わたしの分も生きろ！」という無言の伝言を伝えたのだ、と感じることができた。わたしは、「逝く！」というメッセージを直接うけたのは、このときが最初で、最後だった。

もちろんわたしの父にも、起承転結がある。むしろありすぎる。だから、どこが「起」で、どこからが「結」なのかは、はっきりしない。父は六八歳で二度目の脳梗塞になり、全身不随のママ、ベッドで一年半寝たきりになって亡くなった。そのベッドでの生活が、「結」なのかというと、それはなかろうと思えるが、「平和」そのものであった。最高のフェイドアウト（退場）シーンであるともいえる。父の「結」＝「死」を羨ましく思う理由だ。

じゃあ、おまえの人生の起承転結はどうなっているのか？　こう聞かれたら、答えよう。

「起」は、およそ三五歳までだ。「起」はスタートであるが、本格スタートするための準備でもある。スタートできたのは、定職と最初の著書をもつことができたからだ。

「承」は、およそ五〇歳までだ。第二の仕事で、「ベストセラー」を書き、「自立」できた。

「転」は、およそ七五歳までだ。七〇歳で退職し、第二の仕事に決着をつけはじめ、七五歳で終える予定が立った。

「結」は、したがって、七六歳以上で、いつ限度が来ても、いい、「余生」である。「余命」にちがいない。こう思える。

以上は自分で自分の人生を（都合よく）整理した結果だが、仕事をするおおよその人間の「人生」分節と、共通するのではないだろうか。

「余生」をうまく送るには

わたしを例にとって、七六歳以上を「余生」といった。大部分の人にも、「仕事」のない生活がはじまる時限だ。「仕事」がないとはどういうことか。

1 朝起きて、「やるべきこと」（課業）がきまっていない。

2 「締め切り」がない。

大きくは、この二つだろう。

定年になって、早起きも、出勤も、仕事もなくなって、なんというのびのびした自由なのだろう、と満足感に浸ることができるだろう。しかしだ。しばらくすると、朝起きても、することが決まっていない。なにをしてもいい。あれもし、これもする。はじめは新鮮だ。しかしほとんど中途半端に終わる。そうならないためには、半端でない訓練と熟達が必要だ。大方は、「半端」で終わり、満足感からはほど遠くなる。

「締め切り」がない。なんと自由なことか、と思うだろう。いつ始めても、いつ終わってても自由なのだ。だが、ここからは、まともなもの(something)は何も生まれない(と思っていい)。早晩、投げ出す。締め切りがないから、まとまらない。

「同人誌」というものがある。大部分は、年誌だ。締め切り猶予は最大、一年である。小説、詩歌、俳句、評論にかかわらず、ほとんどの会員は年一回自作を発表する。ここからは傑作は生まれない。なぜか。「余生」の、あってもなくてもいい、暇つぶし、退屈紛らしの、したがって、気の抜けた作品だからだ。

「余生」をうまく送るには、「熱中する何ものか」がなくてはならない。できれば「仕事」をもつこと、それが不可能ならば「仕事」と同じていどの労力と時間(締め切り)を必要とするものがあるといい。でも、これこそ困難である。

父は「余生」をほとんどもつことができなかった。Sに「余生」はなかった。二人の人生が、何かすっきりした、かつ羨ましく思える理由だ。

4.2 「死」は簡明だ

人間は必ず死ぬ。秦の始皇帝のような権勢も、高田屋嘉兵衛のような金満も、イリア・カーラー（一九六三〜）のごとき天才バイオリニストも、必ず死ぬ。死はすべての人に平等にやってくる。

平等にやってくるから、生者にとって「死」は「浄化作用」となる。どんな権力者も、死ねば、なぜか許してもいい、という気持ちになれる。「死者を鞭打つな！」も、「死んだら、みな仏。」も、この浄化作用である。

一九八九（昭和六四）年一月七日、昭和天皇が亡くなった。日本中が喪に服す。銀座やススキノの灯りも、かなり暗くなった。しかし、そのなかに、やけに明るい顔をした人たちがいた。

天皇軍国主義が戦争を引きおこした。日本国民を、さらには他国民を塗炭の苦しみに追い込んだ。何百万という大群を死に追いやった。許せない。敗戦後、日本国民はかろうじて戦争を回避し、平和を守ってきた。新憲法が後ろ盾だ。だが、この平和と民主主義に反対する勢力、保守反動が天皇をあいかわらず担いで、利用している。もともと天皇こそ太平洋戦争（開戦）の責任者であった。その天皇が、戦後も、辞めなかった。だが、戦争の元凶、天皇がいまこそ死んだのだ。われわれは天皇より長く生きたのだ。

かれらは、ガッツポーズもとらず、「天皇に勝った！」とは言葉に出さなかったが、何度もエールを重ねていた。昭和天皇より「長生きできた！」で、正確には、天皇より長生きできたことだけをもって、溜飲を下げることができたのだ。わたしの目からは、たんなる「憂さ晴らし」の類にしか見えなかったが、これこそ「死」による浄化作用である。「死」の重要な意味の一つだ。

死は誰にでもやってくるから、生前起こった多少のことには、「我慢」できる。「時」が浄化剤の役割を果たしてくれるのだ。

「死」は平等ではない

しかし、死は平等ではない。善悪、悲喜にかかわらず、「死の質量（mass）は、その人が生き抜いた質量に等しい。」といってみたい。人生は、誕生＝「無」から、成長・充実・衰弱＝「有」をへて、死亡＝「無」へ、という類の運動ではない。

端的にいって、人生の出発（誕生）があらゆる人に決定的な「差別」を刻印する。国内にかぎっていえば、基本は、親の地位《ポジション》や能力《タレント》、すなわち財・知・体力等々が、大小・高低にわたって違うからだ。ほとんどの子は、普通、親が与えるもの（所与）の「差異」（不平等）を解消すべく、幼童期から奮闘努力することを強いられる。「平等」の契機（要因）は、社会のなかにある。学校、大学、職場等々は、一見、競争の場であり、差別を助長する契機でもあるが、基本は、生まれの違いを解消する装置でもあるのだ。

福沢諭吉が『学問のすゝめ』で、まるで「差別主義者」のように、学ばないと貧・愚・賤になる、学ぶと富・賢・貴になる、と主張できた理由だ。「身分」社会からの脱出をめざしてである。ただ、日本人のすべて（といったら語弊があるが）は、奮闘努力しないだけでなく、ニート（NEET Not in Employment, Education or Training　就業、就学、職業訓練のいずれもしていない人を指す）を貫いても、生きてゆける。

それでは日本の社会は、差別社会なのか。その通りだが、おそらく世界の中で、比較すると、自由と平等がもっとも浸透した社会である、といって、まちがいないのではないだろうか。

そんな日本である。誕生の不平等をどう解消してきたのか、できたのか、その結果が「臨終」で出る。「死」が平等で、この努力を帳消しにするのだったら、つまらないではないか。諭吉先生に叱られてしまう。

「死」によって、新しい幕が開く

小学期のSの死は、悲しかったが、自分の人生が断ち割られた、というようなものではなかった。くりかえし思い起こされるのは、子どもだ、まだ人生が「簡単《シンプル》」だったからだろう。

わたしは、息の止まるような経験の「死」に、二度ほどであった。一つは、森信成先生（大阪市立大教授）の死であり、いまひとつは、谷沢永一先生の死である。前者の死はいわば唐突に、後者のは予期されたものだったが、二つとも体の芯がへし折られるほどの「痛棒」を食らった。前者は新婚時代、後者は定年直前というように、時代をはるかに隔たっている。だが、前者は半年ほどで、おのずと体に生気が戻ってきた。谷沢先生の死は、半年後、歩行困難となって現れた。歩くのも、立ち上がるのも、ようやっとの有り様が半年続いた。

この死をはじめ、どんな死も、悲しい。喪失感だ。できれば死など生じなかったのだ、と時間に蓋をしたい気分に引き込まれる。だが同時に、この二つの死も含めて、誤解を恐れずにいえば、あらゆる死は、フッと解放感を抱かせる類のものである。もう少し率直にいえば、自分の人生の蓋が新たに開いた、と感じるのだ。思いっきり自己本位でいえば、森先生の仕事（の一端）をわたしが引き継ぐ、谷沢先生が（わたしに）託した仕事を受け継ごうではないか、という「意気」が生まれたのだ。

「死」は「新生」の序幕式でもある。なるほど、「一将功成りて万骨枯る。」（The many must perish for the one.）ということはある。しかし、慈雨あればどんな砂漠にも花が咲く。それもいっせいに咲く。この意味でなら、「死は平等だ」といっていいだろう。

4.3 「死」は不可解だ

メメント・モリ（memento mori）は、知的でしゃれた言葉に聞こえるが、「死を想え！」「死を忘れるな！」という処世警句だ。古代ローマでは「いまを楽しめ！」、キリスト教世界では「現世はむなしい。来世に思いをはせよ！」を意味した。この「死を想え！」

を現代哲学の中心に据えようとしたのが、マルチン・ハイデガー（ドイツ　一八八九〜一九七六）の『存在と時間』（一九二七）だ。現代語感覚に翻案すると、こうなる。

〈平凡人は、誕生と死との間を漂流するだけだ。彼らにとって、死の先には何もない。だが死とは究極の可能性だ。死とは、他と関わりのない、追い越すことのできない、確実な、だがいつ襲いかかってくるかわからない、不安の可能性だ。死とは、自分に先立つ究極的なありかたである。人生を真実につかまえるには、死を先取り・先駆けするように生きるべきなのだ。〉

このハイデガーの言葉、「死を先駆ける生き方」が、現代の「死を想え！」哲学の中心におかれるようになった。流行にもなった。処世訓句としても、さまざまなバリエーションで語られるようになった。なぜか？

一つは、「死」が身近でなくなったことによる。常にそこに平凡な死、あるいは無名の「死体」があった時代から、「死」が日常の舞台から姿を消したからだ。長寿社会と連接している。

わたしの村の同期生には、父親が戦死した友人がいた。病死はそれほど多くなかったが、よく知った三人が、自殺した。一人は高校受験の直前だった。一人はすぐ隣の女子高生だった。もう一人は、（中学の修学旅行で行った）十和田湖で服毒自殺した。その直前、わたしの高校にわたしを訪ねてきた。わたしは不在だった。それでも、わたしたちにとって、死は日常からかなり隔たっていた。それに死はあくまでも「私事」だった。

「死を想え！」とは、日常の連続ではない、日常を超えたものを「根本」に据えて、おまえ自身の人生を想え（＝熟考せよ）、ということだろう。高級・抽象・高遠すぎて、生々しい三人の学友の自死とは無関係である。一見して、シャレていたが、インパクトが弱い。こういう言葉を口にして、恥ずかしくないのか、と（哲学を専攻する）わたしは想う。

「死を思い煩うな！」

「いまを楽しめ！」は、通常、平凡人《フツー》の快楽主義といわれる。しかし、古代ローマにも卓越した人はいた。エピクロス（三四一～二七〇BC　ギリシア出身）だ。わたしのもっとも好きな哲人だ。のちに、エピクロス主義者《エピキュリアン》とは快楽主義者の代名詞となったが、彼こそ真正の快楽主義者である。その主張だ。

第一、「快は善である。」

「快」は生まれながらの善だ。すべての人が快を追求するのは本性（自然）である。快の追求が人生の目的、幸福なのだ。

だが、この快の追求から、多くの苦が生じる。たとえば、続けざまの飲酒や宴会騒ぎ、美少年や婦女子と遊び戯れること、贅沢な食事で美味美食を楽しむことだ。これらの追求には限度がない。満足はつねに一時的で、しかも充足されないと大きな失望（苦＝不幸の感情）をもたらす。快には選択が必要になる。苦のない快である。

第二、快＝善＝幸福とは、「身体の健康と心の平静《アタラクシア》」である。

この幸福には、どうしたら到達できるか？　快を追求する欲望に、自然なものと無駄なものがある。自然の欲望のうち、必須なものと、そうでないものがある。最も簡単に入手可能な必要最低限度の簡素な食事があれば十分だ。

心に苦痛がないこと、心の平静は十全な幸福の必須条件だ。たとえば、「死は恐ろしい」などという意見（謬見）に惑わされてはならない。なぜか？　「死は、生きているあいだは、存在しない。死んでしまえば、死を恐れる必要はなくなる。」

快の生活、幸福とは、愛知よりも思慮《プロネーシス》によって生きる、なのだ。思慮深い人とは、神々に対しては敬虔で、死に対しては恐怖を抱かず、快は容易に達することができ、苦は簡単に除去できる、運命（偶然）は避けえないが、その奴隷にならない生き方を選ぶことができる、人である。愛知（ハイデガー）は「死を想え！」という。エピクロスは、思慮は「死を思い煩うな！」という。

「病院」で死にたい

わたしは、二択で、ハイデガーとエピクロスのどちらかを選べといわれれば、エピクロスを選ぶ。ただし、わたしは、総じて人間（社会）の本性（自然）は、過小の欲望で生きるようにはできあがっていない、と考える。「コトバ」をもつからだ。過剰の欲望をコントロールしながら、生きるほかない。それが自然に適《かな》った生き方だ。エピクロスの望むような生き方は、どんなに清く美しく（思え）ても、ほとんどの人が生き抜くことは至難の業だ。つまりは「不自然」である。

死は、エピクロスのいうように、いま生きている自分には、存在しない。死は、いま自分が死んでしまえば、恐ろしい存在ではない。いずれにしても「わたしにとって」死は存在しない。「想定」できるだけだ。

では「死を想うこと」はムダであり、どうでもいいことなのか？　そんなことはない。「死」とは、時間「以前」ないしは「超越」の「存在」ではない。まさに、時間の「分節」、「締め切り」なのだ。「終わり」を想定し、「終わり」までに「課題」（課せられた何ごとか）を実現しようとして生きることと同じだ。「課題」がなくなれば、その人の人生は「実質」終わったことを意味する。

養老孟司『死の壁』（二〇〇四）は指摘する。自分（一人称）の死体は、存在しない。抽象物だ。身近な人（二人称）の死体は、たんなる死体ではない。もの（body　物体）として扱われることに我慢できない。赤の他人（三人称）の死体が、「死体としての死体」、たとえば交通事故死でカウントされる、純正死体である、と。なるほど、と思える。

人間（社会）は自己中心だ。わたしがとりわけ自己中心なのだと思えるが、生きているかぎり、「死後」に自分の「仕事」（死体以上のもの＝コトバの死体）を残そうとしている。たんなる自己愛《うぬぼれ》にしか過ぎないと思いつつだ。

同時に、もし自分の生を自己コントロールできない状態に陥ったなら、「病院」で死にたい、自分の死体を「病院」で処理してもらえたらいい、と思っている。身内に手間暇を煩わしたくはない。ま、そんなわたしが自分の「死体」には無力だと知りつつも、こう私念する。

5　ゼロ地点に向かって

5.1　「生物」とは何か?

生まれた人は必ず死ぬ。人「生」は、「再生」を続けるかぎり、終わらない。死なない。「死に」向かって進みつつ、再生不能になると、生は終わる。死ぬ。死とは、「生」の終わりだが、正確には、「再生」の終わりである。死から生に戻ることはできないからだ。

総じて（大雑把にいうと）人生はやり直し可能だが、人死はやり直し不能だ。「死」の重大さ、冷酷かつ尊厳な理由である。（ただし、厳密にいえば、歴史が、一見してくり返すようだが、くり返さない。やり直し不能だ。同じなように、個人の歴史＝人生も、くり返さないし、やり直し不能である。）

ひとまずはこういってみたいが、生と死について、何ごとか（重大事）をいったわけではない。なぜか？

「有機」と「無機」

生と死を考えるために、まず、有機と無機を比較してみよう。

有機物は無機物から合成される。尿素が人工的に合成されたのは、一八二八年のことだ。ずいぶん古い。

ところが、いまでも、「有機栽培」は体にいい。生き物（有機物）を利用して、食料、有機物を栽培するからだ。いまなおわたしたちは、漠然と、有機体（だけ）が有機物を生産する、などと思い込んでいる。この根柢にあるのは、生物は生物からのみ再生産される、という思想（観念）だ。

だが、生物は、ＤＮＡに書かれた暗号（記号）にしたがって再生産され、人間の手で生産できることが明らかになった。無機物（mineral mine = 鉱山）から有機物（organc body）が生まれる。無機物と有機物（生物）、それに人間（生物）とは、つながっているのだ。

では、無機物（非生物）と有機物（生物）との根本的違いは何か？　最も広い意味での「知能」というほかない。生物は、環境の変化を感知（検出）して、その変化に適応する行動を選択できる能力（機能＝働き）をもつもののことである。

人間に独特の「知能」は、「知能指数」のように数値化はできないが、神秘的なものではない。人間は、「コトバ」をもつことによって、他の生物と種を異にしたという意味で、他を超えたが、生物であることをやめたわけではない。

無機化合から有機を、有機化合から生命体ができあがる。もちろん、人間以前からも、無機から有機へ、有機から無機への転化はあった。非生命から生命、生命から非生命への転化がくり返された。純正の自然過程である。

では、人間の登場によって、無機・有機、非生命・生命の関係がどう変わったか？超物理化学的な関係が生まれたのではない。ただ「自然界」になかった（まだ見いだされていないものも含めて）無機から有機、有機から無機への転化が、人間の手で可能になったにすぎない。

だから、わたしにとって、無機から有機、有機から無機への転化は、さほど驚くべきことではない。人間の手が関知するしないにかかわらず、あくまでも自然現象・自然過程だからだ。対して、無機や有機から「機械」（machine, mechanism）を創り出すことが、どれほどの脅威（dangerous）かは、はかりしれない。「機械」製作は自然をモデルにしているが、自然過程ではない。機械は、まるまる自然（物）だが、自然にないものだからだ。機体（body）も機能（faculty）も、自然にはない「創造」である。

電子計算機は「夢」を見ない

機械の脅威はどこにあるか。「進化」である。しかも進化を創出《クリエイト》するのは人間であり、その進行を「覚知」（perception）、「確証」（proof）できる。自然も進化するが、その進化過程自体を覚知、確証できるわけではない。進化「以前」と進化「以後」を比較し、そのあいだに進化の「連鎖」があった、と追認できるにすぎない。

ところで人間の「知能」だ。能力を「脳力」に集約するのは正しくない。覚知機能は分節・分化しているからだ。ただし「脳」は「中枢」機能を主として担う器官である。

かつて、わたしはコンピュータ（computer）を、「電子計算機」と訳すよりも、チャイニーズ式に、「電脳」と訳す方が的確だ、と考えていた。「計算機」は「機械」だが、コンピュータは「進化」して、ついには「脳」にかぎりなく接近することができる（のではないか）、と想定したからだ。

だが、コンピュータはいかに進化しても、「脳」の機能の一部を「代替」することはできるが、脳それ自体の機能を「代替」はできない。もっといえば昆虫の「覚知」器官を再現したり、代替したりすることさえ困難である。なぜか。

脳は、あるいは虫の覚知器官《センサー》は、ショート（短絡）しても、壊れない。むしろショート機能を得意とする器官なのだ。最もはっきりしていることは、電算機は「計算」が得意だ。速く正確だ。だが計算外の行動をとることはできない。だから、間違わない。「飛躍」しない。「夢」を見ない。ショートしたら、壊れる。

対して人間は、計算が不得意だ。男女が、会った瞬間、運命の糸で結ばれた、と「即断《ショート》」し、結婚することができる。行程（operation）を無視してだ。脈絡のない（計測不能な）「夢」にうなされるだけでなく、「夢想」を実現しようとする。稀の稀だが、実現してしまう。

「理想」が恐ろしいのは、現実離れしているから、実現せず、「悪夢」（反理想）で終わるからだ。しかし、本当の脅威は、どんなに現実離れしていても、想定外に思えても、稀に、実現してしまうことがあるからなのだ。本物の「悪」（evil）が実現してしまう。

電算機は、どんなに高性能になっても、ショートできないし、想定外《けいさん》を演じることができない。「短絡する」とは、生物（生命）がコンピュータより優れていることの証左なのだ。

「短絡」と「夢」の力

しかし、わたしはここで、人間の優秀さを強調したくて、人間と機械の決定的違いを指摘しようとするのではない。むしろ逆なのだ。

人間の思考や行動のほとんどは、基本的なところで、機械と同じように動くということだ。機械（体）は自然（体）であり、自然の機能を模倣して作られる。当然、機械が生物（人間）とよくよく似た働きをするのだ。だから、機械が人間（人造人間）だ、人間が機械（分子機械）だ、とみなしてもなんら不思議なことはない。

逆にいえば、同じ部品で、同じ工程で、同じように組み上げた機械、たとえば自動車は、みな同じではない。同じような動きをしない。人間ほどではないが、「初期」状態が多少違う。もっとも、運転する人間の「癖」のせいもあるが、車の癖（個性）も無視できない。当然、耐用年数（寿命）も異なる。先に触れたように、車で、初期故障が致命的になることが多いのは、人間と同じだ。

人間は「短絡」できる。「夢」を見ることができる。人間の特殊能力である。しかし、短絡だけならば、行き当たりばったりの人生にしかならない。夢だけならば、夢想に終わる。ときに無力に陥る。多少にかかわらず、その短絡に「脈絡」を見いだし、その夢に「水」を与えることができなければ、空しい。

短絡に脈絡を、夢に「水」を与える力は、どこから来るか。主として、機械的な行動（punctuality）によってだ。ステップ・バイ・ステップである。昨日と今日では、まったくの「反復」に過ぎなくても、一年前と今日では、同じことの反復ではない。

目覚める。スイッチが入る。昨日と同じように、日課がはじまる。同じことを坦々とこなす。一年後には、同じことを、二倍のスピードでこなしている。あるいは難度の高い課題をこなしている。熟練度や能力アップがあってのことだ。「励行」だけで、「夢」や「目標」に目鼻がつくというわけにはいかない。しかし、これ以外に、僥倖を期待しないなら、短絡や夢に通路はできない。正確には、通路のある短絡や夢を抱くことはできない。

夢の力は、大げさにいえば、ベルトコンベアーの上を歩むような行程いかんにかかっている、といっていい。

5.2 わたしの「源流」

わたし（鷲田）の家は、素寒貧《すかんぴん》のルーツしかもっていない。「鷲田」という姓は、珍しいが、村にたくさんいた。親戚だ。血のつながりがなさそうなのもいる。小樽の鷲田には、従妹が嫁にいった。倒産した北海道拓殖銀行の最後の専務（破産処理を主導した）が、同じ歳だ。そのほか、全国に、鷲田がいる。同じ姓は、妙に気になる。鷲田は数が多くないから、なおのこと気になる。人間だけのことではない。何であれ、「誕生」（源流）が気になる。

人生とは、生（誕生）から死（臨終）までを指す。死は、生がゼロ状態になることだ。こう考えている人がいる。少なくない。だが、人生はゼロからはじまるのではない、ということは子どもにもわかった。子（わたし）は、誰がなんといおうと、母から生まれたからだ。

わたしが最初に知的好奇心にとらわれたのが、わたし（鷲田）のルーツだ。理由は、よく祖父から、「おまえはこの家の子ではない。木の股から生まれた。」といわれたからだ。わたしが祖父を嫌っていた。以下は、聞きかじったことだ。情報は少ない。

曾祖父（の妻と娘）は、福井を出て、札幌に流れ、隣村（白石村字）厚別に腰を据えて、祖父を産んだ。祖母の父は、砺波《となみ》（富山）を出て、同じ厚別の小野幌《このっぽろ》に盤踞《ばんきょ》した。母の父は、武生《たけふ》（福井）を出て、平岸（豊平）で果樹園をはじめた。全員、現在の札幌に集まったことになる。源流は異なるが、集結したところは狭い。直径二〇キロメートルの範囲だ。

わたしの好奇心は、三代前までルーツをたどる程度では、満足できなかった。だが、母の家系は別にして、それ以上たどることができなかった。

親には親がいる。その親にも親がいる。ルーツはどこまでもたどることができる。この程度はわかっていた。ただし人間の祖先はゾウリムシだ、とまでは思えなかった。思いたくなかった。

問題は、わたし（鷲田）のルーツだ。すぐに、日本で一番古い「天皇」家と、ルーツは同じだ（証明できないから、同じにちがいない）、と思えた。少年のわたしが、無思慮に、昭和天皇を、「天チャン」と呼んでいた心理の裏には、敗戦後だから、みんながそう呼ぶからだけではなく、天皇もわたしもルーツは同じじゃないか、という感情があった（ように思える）。無思慮だが正常だ、といまなら思える。

いつからだろう。「家」にはルーツをたどることができる家と、たどれない家がある、ということがわかった。わたしの家は、幕末までしかたどることはできない。なぜか？

そこで鷲田という姓をもったからだ。「無」から生まれたわけではないが、「鷲田」という名はいわば無から生まれたに等しい、ということがわかったのだ。大いに、子ども心にも気が楽になった。

そして、日本人のほとんどは、「無」から生まれたのだ、と考えると、天皇家や藤原家が、むしろとても大変なんだ、と思えた。「歴史遺産」という重い荷物を背負い込んでいるのだ、という同情心も加わった。

無から有が生まれる

わたしは、三〇代の半ばに定職をもった。三重の伊賀上野の南端に住んだ。冬、父母が訪ねてきた。福井の「鷲田」の「本家」（源流）に行きたい、という。幸運なことに、父はわたしに家業を継げとは一度もいわなかった。これが初めての「依願」ではなかったろうか。それに期末休暇中だった。

父母と三人、ルーツに向かった。わたしの中で、父母につくした（？）最大事ではなかったか、と思える。

ルーツ（家）はまだ残っていたが、村落とともに、没落寸前であった。そこで、戸主の母なる人から、「鷲田」のルーツを聞いた。

幕末である。年末である。黒丸陣屋の殿様は素寒貧だ。それで、隣村の百姓が米俵を献上した。殿様、返すものがない。代わりに「鷹田」という姓を与えた。冬の枯れ田に鷹が飛んでいたからだ。村中、鷹田だ。それを知った黒丸の百姓連中、同じように米を献上した。殿様は、喜び、鷹より強い鷲ということで、「鷲田」という姓を与えた。村中鷲田になった。

「姓」は言葉にすぎない、ということも可能だ。だが「姓」は「符丁」（mark）と同じではない。個人を指すだけではない。「鷲田」に汚職政治家が出たら、わたしまで恥ずかしくなる。なって当然だと思える。

天皇には「姓」がない。『日本書紀』（解釈）によれば、無姓は「神」（上＝源流）の証拠で、順次、姓が与えられていった。姓に高低（貴賤）の順序がある。鷲田は、日本人の大部分がはじめて姓をもった「下流」である。「ルーツ」などない、と納得できた。

と同時に、「源流」天皇＝無姓と「最下流」百姓＝無姓が、つい最近まで、同居していたのだ、ということにも気づかされた。概念的には、「君臣」ではなく「一君万民」

である。わたしの中に、無姓でも源流とつながる、いな無姓こそが源流なのだ、という屁理屈が生まれた。

三〇代の半ばだ。ちょうど、わたしが自分の思想と行動に根本的な再検討を加えなければ進めない、という時期と、福井行きが重なった。わが「ルーツ」に対する想いが少しだけ重くなった。こういう経験は、わたしだけではないだろう。

「無」からはじまる

わたしの家は、家業が家業だったから、敗戦後没落したとはいえ、多少の財があると思われた。わたしが、高校に越境入学し、大学は大阪に行き、浪人二年、大学一一年通うことができたのも、その財力のおかげとみなされた。「おまえは、金があったから、大学へ行けたのだ。」と正面からいわれたことがあった。多少、悔しかった。

家業を継がない。家郷と何の繋がりももたないところで、学び働く。これはルーツがなくなることだ。だから自由であり、根無し草に等しい。自分の力だけで、生きてゆくことを要求される。

最も辛かったのは、大阪には、開かれた学界も、狭い文壇もなかったことだ。京都には学界はあった（ようだ）。でも近寄りがたい。大阪にも京都にも、ものを書いて、発表する広い場《パブリック》がなかった。せいぜい年に一度、自校の研究誌（紀要）に、教授の許可をとって、発表できれば、御の字だった。

同時に、なにごとであれ（in everything）自力で関係をつくり、自力で道を開き、自力で立ちあがる、これが原則であった。これを当然と思えば、おのずと自力がつく。

およそ、自分が生きる方向（目標）も方途（手段）も、どれほど周囲の援助が見込める場合であれ、自分で決めなければならない。決めたら、主として自力で、実現を図らなければならない。

むしろ、多くの援助があればあるほど、「自力」でゆくのだ、という覚悟が必要になる。あたかも「無」から「有」（何ごとか somethig）を生み出してゆくような、「自立自存」の念が強まる。ただし何度もいうが、むしろ、日々、機械的に進むことが必須条件だ。

この機械的進行は、死ぬまで止まない。止むときが、自力の尽きたときだ。そのとき、臨終が重なれば、幸運の極みだろう。一見、「無」から「有」、「有」から「無」の過程が、人生行程表である理由だ。

5.3 社会の「ルール」

何ごとにも「はじめ」がある。「はじめ」があるから「終わり」がある。人生の「終わり」についてはすでに述べた（2.3）。人間の「臨終」が一義でないように、「誕生」も一義でない。いくぶん、くりかえしになる。

わたしたちの日常感覚からすれば、生と死との間には、厳然たる深淵が横たわっている。生から死への移行とは、絶対にひき戻り不能な過程である。しかも、誰もが、生から死へと転移することをまぬがれえない。生は有限（締め切りがある）であり、死は無限（締め切りがない）である。

だが、私たちは、何をもって生といい、何をもって死というのか。ことはそんなに自明ではない。一義でもない。なぜか？

人間の生命にかぎってみても、ある特定の生命はかならず「はじめ」をもつ。「誕生」だ。こう考え、通常は、母親から子が分離（分娩）した時をもって「誕生」という。実に簡単明瞭に思える。しかし「分娩」と「生命の誕生」とは、同じではない。

人間の生命を「細胞レベル」で考えれば、たしかに受精（精子と卵子という細胞が結合した）時に、新生命（新遺伝子体）の誕生ということができる。あるいは、脳が形成された時、心臓が動き出した時、出産時、等々、さまざまなレベルでの「誕生」が考えられる。一見して、きわめて多義なのだ。だが一個の生命を「自力で呼吸する」――母体の助力なしに――というレベルで考えれば、出産時が人間の生命の誕生であるともいいうる。この時、赤ん坊ははじめて外界の「空気を自力で吸う」ことになるからだ。

さらに、物事にははじめがある。はじめがあれば、終わりがある。きわめて厳密にいえば、「終わり」は、「はじめ」をどのように決めるかによって、決まるのだ。逆に、「はじめ」も「終わり」によって決まる。

人間のはじめを細胞レベルで決めれば、人間の終わりである死も、細胞レベルの死ということになる（べきだろう）。「脳死」をもって人間の死と認めるのなら、「脳生」をもって人間の誕生と考えてもいいのだ。

もちろん、決めるのは人間だ。決まったものが約束（ルール）だ。だがルールには、「根拠」が必要だ。

共同の無意識

「生」とか「死」は「約束」である、などというと、恣意的なものだと思われるだろう。実際、恣意的なのだ。人間の知識や技術、それに意志によって左右されるということだ。

なぜ人を殺してはいけないのか？　こういう例で語ると、誤解を生むが、最も事の中心に直截に迫る行き方である。

定年前のことだ。わたしは六時過ぎに家を出て、職場に七時頃つき、九時から始まる講義等の準備をする。その日、玄関の入り口で周知の職員に会った。

「鷲田先生、気分よさそうですね。」という。

「昨晩、同僚のOが亡くなった。今日から顔を見ることもなくなるから、気分がよくて。」と応じると、目を丸くされた。当然の反応だろう。

Oは嫌なヤツで（Oもわたしのことを嫌なヤツと思っていた）、いつもにこにこしながら、「消えろ！　もうおまえは死んでいる！」と念じながら、つきあってきた。「バカは死んでも治らない」とはわかっていても、やはり死んでくれたら、どれだけ気分がいいだろう、と思えるものは、同僚（仲間内）に必ずいる。見るのも聞くのも嫌なヤツだ。消えてほしい。消えないとすると、殺すのが最も簡単だ。こうやって仲間内で簡単に殺し合うと、仲間内＝共同体が崩壊する。（すでに述べたように、）殺人は厳禁《タブー》という理由だ。

こんな理屈をいちいちもちだすのは野暮である。だから、暗黙裏に、「殺人」は人間が絶対に超えてはいけないタブー（禁忌）、「原罪」にしたのだ。禁忌とは、共同体のだれもが逆らいがたい共同の無意識である。

もちろんわたしも、殺人などという単純かつ安易な手法を避ける。「罰」があるからだが、根本には「共同体」の無意識が根柢にあるからだ。

「生」や「死」の問題は、自然過程や医療技術と関連するが、その根柢にあるのは、人間社会がその発生以来無意識に抱き続けてきたルール（禁忌）につながっているのだ。

死はついにやってこない

人間の死を、生の終わり、「臨終」（ゼロ地点）というレベルで考えるのは、人間と人間社会（家族・村・学校・会社・国家等の共同体）の「無意識」の領域を無視する、人間力を過小に見積もるものだ、といってみたい。

人間に、細胞レベルでいえば、死はなかなかやってこない。でも、細胞レベルの死も、いつかはやってくる。だが、「死」のすごさ《ミラクル》は、無限なことにある。

あの同僚Oの「死」は、わたしをいったんは「爽快」な気分にさせた。でも、それだけではなかった。何かの機会に、ときどき、Oの「よさ」が厭《いや》さとともに、死んでからはとくによさの面が思い起こされるのである。Oの「アダム・スミス論」はつまらなかったが、ともかくもスコットランド啓蒙学派（道徳哲学）を研究俎上《そじょう》にのせ、一著をものしたのだ。誰にでもできることではない。

あるいは、Oのどうでもいいと思える点が、何の脈絡もなく思い起こされる。少なくとも、Oは、死んでなお、わたしのなかには生きている。もちろんわたし以外の誰かに、ときに思い起こされ、そのひととなりが蘇る。つまらない論文だって、万が一にも、読まれる可能性なきにしもあらずだ。

むろん、大部分の人間の「記憶」は、時とともに消滅してゆく。去る者、日々に疎しだ。しかし、去ってはじめてその人が懐かしくなる。「いないこと」に寂しさが湧く。

人間は自己中心存在だ。忘れられたくない。時々思い起こしてほしい。こういう思いを抱く。それで、さまざまなメディアを駆使して、「自分」を残そうとする。世界遺産ならぬ、自分遺産である。もちろん人生に締め切りがあるから、その期間内でだ。でも、じたばたしたってはじまらない。なにはなくとも、子どもや孫は残る。その永続が、「永遠の死」を生きることにつながる近道かな、などと思ってしまう。そう思うと、この世に諦めが付く。

6　象たちの記憶

6.1　象は忘れない

コンピュータは、計算がうまい。正確で、速い。およそどんな数量（大小かかわらず）にも対応できる。と同時に忘れてならないのは、計算した結果を、即座に再現できることだ。人間にたとえれば、記憶力のいい人のことだ。

この記憶力、人間では、年齢を重ねると、確実に弱くなる。不正確で、遅くなる。「惚ける」とは、計算能力、すなわち記憶力が弱まることだ。壊れることもある。もちろん個人差がある。

記憶力のいい人を何人か知っている。

そのなかでも抜群なのが、英語学者で評論家の渡部昇一先生だ。「ローマ法典」（ラテン語）をまるまる暗記するというような仕方で、記憶力に磨きをかけてきたそうだ。わたしの前で、木戸孝允の漢詩「偶成」を流れるように書いて見せたことがあった。七〇歳を過ぎていたが、「年齢とともに記憶力がよくなる。」と自負されていた。「訓練」のたまものだ。

記憶力のよい人には、二つのタイプがあるように思える。

一つは写真機タイプで、パッと「見た」だけで、再現できる人だ。伊東秀子さんは、わたしと同じ歳で、育児を終え、時間ができたので、大学院に入って通いながら、司法試験を通って、弁護士になった。のちに衆議院議員になって活躍する。司馬遼太郎もこのタイプだったそうで、いわば複写型といってもいいだろう。山のように資料を購入し、頁をめくるように通覧し、資料の山を征服していったそうだ。読むのではなく、「見て」記憶するのだ。

もう一つは、通常の記憶力だが、近代文学研究者で評論家の谷沢永一先生のは、尋常ではなかった。こんなことがあった。

「読んだものを忘れるのに苦労する。忘れるために、どんどん読むが、ついには、忘れきれなくなり、内に詰まりすぎて読めなくなる。詰まったものを出せなくなる。」もちろん、脳がである。

「じゃあ、ウツで、硬いものが読めなくなるのは、書けなくなるのは、詰まったせいですね。」

「そう、その通りだ。忘れるには、時間がかかる。」

先生の忘れるまでの「時間」は、これまた尋常ではない。脳の精妙な働きがピタッととまって、思索的な論稿が書けない時間が、長い。最長は、一〇年近くにおよんだ。

わたしは、少年期、「暗記」人間になりたくなかった。暗記人間に対する偏見からだ。だから憶えたものはすぐに忘れようと（努力）した。（高校までの）数学は暗記だと思っていたから、いったん憶えても、丸ごと忘れてもかまわないと思えた。案の定、きれいに忘れた。二〇代、左翼運動に加わって、名前や電話番号、住所を、意識して記憶しないようにした。結果、すぐに、自宅の電話番号や自家用車のナンバーも憶えることが難しくなった。いまでも、自分の車やケイタイの番号さえ忘れてしまう、ただの記憶力の悪い人間になってしまった。

もっとも、記憶力が悪い人間だと気づいたのは、ものを書くようになってからだ。なによりも記憶が確かでない。記憶に信用がおけない。参照、引証するために、いちいち文献等を引っ張り出さなければならない。しかし、いちいち文献等に頼り出すと、記憶力がますます頼りなくなる。悪循環だ。

だからパソコン、とりわけ「記憶再生機」としてのパーソナルコンピュータの登場は、わたしにとって神助に近かった。五〇代、記憶・記憶再生仕事から「解放」され、生産量が、一気に飛躍した。もっとも、記憶力がさらに減退したが。

「忘却」のすすめ

七〇歳を過ぎた。棚から必要な本をようやく探し出して、手に取ったところで、玄関のチャイムが鳴る。その本を下駄箱の上に置き、ドアを開ける。宅配便だ。ハンを押し、配送物を確かめる。机に戻り、パソコンの画面を見る。もう、チャイムが鳴る前に、自分がなにをしようとしていたのか、忘れてしまっている。こういうのは毎度のことで、これには困らされている。老齢が原因だ、と思っている。

しかし見方を変えてみると、老齢のせいばかりではない（ように思える）。必要・不要、貴重・ガラクタにかかわらず、どんどん入れるためには、どんどん出さなければ、脳力は活性化しない。忘れてしまうものは、それだけの価値しかないのだ。かつては自信をもって、こういえたのだ。いまさらなんだ。忘れるものは、忘れていいものだ。こう居直ることができるのも、「年の功」(the wisdom of age) だ。

それに、必要なことを忘れるときもあるが、もっともっと不要な、「憂さ」(gloom; sorrow; sadness; melancholy; cares; troubles; burdens; crosses) を忘れることができるのだ。「鬱」(melancholy; gloom; depression; low spirits) を避けることができる。思うに、記憶力がよすぎるのも、「鬱」の、「憂さ」の原因なのだ。

人間は忘れる動物だ

「象」は記憶力がいい。ただし、「断片」しか見ないし、記憶に留めない。「人間」(ホモ・サピエンス＝理性人) にできるのは、この断片を集めて、一つのまとまった像 (真像) を明らかにすることだ。アガサ・クリスティの名作『象は忘れない』(一九七二) で、「象」の断片記憶を集めて歩くのがミステリ作家オリバであり、彼女が集めた断片から、事件の真相 (真像) を推理し、突き止めるのが、名探偵ポアロである。

つまり、ポアロのような「灰色の脳細胞」だけを強調する人間は、「異常」、「異例」である。象にたとえられる普通の人間は、誰であれ、「忘れる動物」なのである。正確にいえば、忘れることができるから、人間なのだ。人間だけが、忘れることができるだけでなく、忘れてもいい、忘れてもやってゆくことができる動物である。なぜか？

コトバをもつからだ。

動物は、体に、器官に、「記憶」（ＤＮＡ）が埋め込まれている。内蔵されている。自由に取り外しできない。自然と、容量は限られる。対して人間は、体内に記憶装置を内蔵している。そのかぎりで、動物の仲間だ。だが同時に、人間は、体の外に、器官の外部に、記憶装置をもっている。コトバのシステムだ。この装置にコトバを記録することを通して、記憶力全体を高性能にしていく。

ポアロの「灰色の脳細胞」は、じつは、脳細胞（器官）を指すだけではない。もちろん、脳器官は特別に高性能である（だろう）。だが、ポアロに誇ることができたのは、むしろ脳の外にある情報を集積する能力に長《た》けていることだ。その集積のためには、費用も労力も惜しんではいない。情報整理に有能な助手を雇っている。ポアロの「脳細胞」が常人と異なる根本だ。

でも、ポアロだって、年齢には勝てない。その自慢の情報収集装置を失い、「脳器官」も最後の力を振り絞らざるをえない。ポアロの「閉幕」(『カーテン』)に、唐突な設定と妄執に似た無理を感じるのは、わたしだけではないだろう。

6.2 わたしは「記録」であり、「記憶」なのだ

わたしは、少年期、本を読まなかった。田舎の商家に生まれたからだ。家には、一冊のハードカバーもなかった。村に書店がなかった。中学校の図書室(教室の隅に置かれた本棚を指す)には、本棚が二列あったかなかったかにすぎなかった。わたしの情報収集装置は、実に素寒貧だった。それなのに、一〇代のはじめにドストエフスキーの『罪と罰』を読んだ、ということをあとで知った(必要があって思い起こした)。

教科書や受験参考書で憶えた知識は、きれいさっぱり忘れた。大学に入って、憶えたものは忘れようとした。どんどん新知識や多情報をかき込むためである。一〇〇〇冊読むと、一冊本を書き下ろすことができる。そうひそかに考えて、一〇年の読書量を賭けて、三三歳のとき、処女著書を書いた。それから四〇年間である。たくさん読んだ。たくさん書いた。その中心に、書評がある。書評集だけでも、二〇冊を超える。谷沢先生

に、「六〇を過ぎたらもう書評はやめなさい。自分の仕事をしなさい。」と忠告されたが、やめていない。本を読んで、それを評する。たとえ、「書評」という小さな「枠」（およそ四〇〇〜二〇〇〇字）で書く書かないにかぎらず、わたしの仕事の中心は、本を材料にして書いてきた。書いている。

いま、七〇歳を過ぎた。かなりの量を読んできたが、記憶にとどまっているのは、わずかだ。青年期に、読んだものはすべて忘れてもいい、と決めたからだ。記憶力に頼らない生き方をしようと決心したのだ。だから、わたしはたくさん読んでも、飽きなかったと、思っている。半ば苦し紛れの言い訳かも知れない。

書く人間になる

といっても、脳の内にも、外にも、ある程度知識を溜めないと、栄養源不足で、脳は活発に働かない。歳を重ねるとは、脳外に膨大な量の情報が死蔵されるだけでない。その死蔵物が、脳に情報が出たり入ったりすることを阻止するのだ。たとえどんなに無理して脳の内外に情報を放り込んでも、逆に、溜まって澱《おり》となり、死蔵化する。

あるときから、書くと、考えていることにきちっとした筋道や輪郭がつく、ということを実感できるようになった。「わかる」（理解する）には、筋道を立て、明確に書けなければならない、ということだ。

それでも、わたしの書くものは、どんなに広くとっても哲学（専門領域）の周辺までにすぎなかった。だが、四〇代の半ば、わたしが読む本の大半、読んで評する本の大部分は、この専門領域をはるかに超えるようになっていた。しかも書評の大半は、読んだあと、記憶に残ったわずかな点や線をもとにしたものである。大雑把といえるが、記憶に残ったエキスで書くのだ、という思い込みがあった。だからというわけではないが、書くと、すぐに忘れた。書評した本ばかりか、自分の文章もだ。それで安んじることができたのは、書いたものが、活字として残るからだった。

わたしの書いたものは、わたしの「外部」に、「記憶装置」のなかに、そのまま残っている。必要ならば、いつでも、そのままの形で参照できる。書くとは、わたしにとって、意識的に脳内記憶から消すことでもあった。しかし、なにかが、断片《なにがしか》は残るものだ。「象の記憶」程度であってもいい。いな、その方がいい。

年齢を重ねて、書くといい。記憶を留めておくことができる、などというのはケチな考えだ。書くと、きれいさっぱり忘れてもいい、という結果になる。これって、忘れてもよいことが、多少にかかわらず、脳の内外に溜まっている者にとって、福音になるにちがいない。わたしには、そう思える。

書くことは人生の在庫整理

自分の人生を書いて、本にする。もうこれだけでもたいしたこと（the good）だ。「エッ、本だなんて、とんでもない。難事だ。」こう思う人がいるだろう。だがその反面で、「自分史だ。自分のことだ。だれよりもよく知っている。書ける。」と考えている人も少なくない。誰だって、相応の長さを生きたら、一冊の小説を書くに足る「材料」をもっている。もちろん、書かれたものに優劣がある。あっていいじゃないか。

書くと、溜まった記憶が掃除される、という効用がある。在庫整理だ。同時に、書くとは、自分の人生の締めくくりでもある。自分史を書くことは、在庫整理と人生の締めを同時に行うことを意味する。

「グッド」（good）は名詞で、「財産」、「所有物」の意味がある。書くことによって、自分の財産を仕分けすることができる。何が「よきもの」であるか、あとに「残しておきたいもの」（遺産）であるかを、明らかにする手立てに違いない。残す財が何もなくても、書いたものは残る。「遺書」だ。通常、「遺言」を書いて、人生の締めくくりのひとつにする。その遺言を、「自分史」を書くことにかえる。

医学的な死は、医者に任すほかない。どんなにがんばっても、自分の手の埒外にある。いってみれば、自然過程だ。しかし、自分の人生をどう決着をつけるかは、医者の問題ではない。もっぱら自分の意志、意識の問題だ。

「あなたの最高の作品はどれですか?」とごくたまに聞かれる。「最新作だ。」と答える。この作品が「最後の作品だ。」「遺作になっても悔いがない。そういう思いで書いたのだ。」というのは、常套句である。ただし、仕事に、作品に、人生に「切り」をつける、これらは結び合っている。同じ線上にある。

書くことで、人生の在庫整理をし、人生に切りをつける、これほど「コトバ」をもった人間にふさわしいことはない。そう思える。「書くこと」を誰彼となくすすめる理由だ。

6.3　人生は紙の中にある

父も母も、義父も義母も、その他もろもろの人たちは、息のある人ない人にかかわらず、わたしの記憶のなかにある。それを書くことは、「記憶」を定着させる、長く留め置くことを意味する。わたしは生前の曾祖父を知らない。いくつかのエピソードを聞いたことがあるが、まったくの「断片」にすぎない。しかし、こういう記録があると、ぐっと重みが加わる。

《鷲田彌左衛門（わしだやざゑもん）
福井県坂井郡鶉《うずら》村字黒丸の人　安政五年五月農作右衛門の長男に生る　長じて大工となり明治二十三年四月札幌に来りて大工を業とす　二十六年札幌郡白石村字厚別に移住し爾後農業に従ひ水稲の普及に力を致し灌漑の法を講ず　大正元年札幌外四郡農会長より篤農家として表彰せらる　彌左衛門深く仏教を信仰し曾て東本願寺へ金二百円を寄附して商量員を許さる　人と為り温厚にして質朴　能く公共慈善に金品を寄附す　其農事に熱心なることも深き仏教の信仰より来れるものなり》（『北海道人名辞書』大正三年　四〇二～四〇三頁）

この記述は、わたしが父などから直に聞かされたエピソードと重なる。何か貴重な宝を手にしたような気持ちになる。ただし死者の記録（書かれたもの）は、「遺産」である。「遺宝」にもなるが、「呪縛」にもなる。

「書く」とは、じつは、自縄自縛行為なのだ。サマセット・モームの代表作『人間の絆』のテーマである。「絆《バンド》」とは、「親和」関係を意味するわけではない。結び合うことは、「呪縛」（鎖につながれること）でもあるのだ。「書く」とは、つまるところ「自縄自縛」でもある。そんな恐ろしいことを奨めるのか、と思うだろう。その通りだ。じゃあ、書かない方がずっといいではないか、といわれるかも知れない。そうではない。

書いて「絆」を結び直す

「歴史」（history）は、ヘロドトスの『ヒストリアイ』（Historiai　歴史）に由来する。ただし、語義は「書かれたもの」のことだ。司馬遷『史記』も「書かれたもの」を意味する。記録だ。『日本書紀』も「日本歴史」という意味だ。

個人、家族、会社、社会、民族、国、人類、地球等々に「歴史」がある。ただし、「書かれること」で、はじめて「歴史」になるのだ。「歴史」が生まれるのだ。したがって、人間にだけ歴史がある、といってもいい。馬にだって歴史があるじゃないか、と反論するだろう。だが、人間が馬を記すから、馬の歴史が生まれるのだ。

開高健の傑作評論『紙の中の戦争』（一九七二）がある。「紙の中」とりわけ「小説《フィクション》」に描かれた戦争を論じたものだ。開高の最高傑作のひとつに『輝ける闇』（一九六八）がある。こちらは小説で、ベトナム戦争を舞台にしている。どちらも、書かれたもので、文字通り「紙の中の戦争」だが、日本人の戦争（太平洋戦争）とベトナム戦争の「記録」であり、「歴史」である。特に『輝ける闇』は、第一次世界大戦におけるヘミングウェイ『武器よさらば』（一九二九）と比肩しうる、もう少しいうと、ベトナム戦争を理解するためにはなくてはならない、最良の「記録」＝「文献」＝「歴史」といっていい。

「紙の中」にあるのは、「実」（reality　真実）ではなく「虚」（fiction　虚構）である。ほとんどが「虚偽」だ。こういわれる。小説家でエッセイストの曽野綾子さんは、「小説家は嘘が上手だ。」という。事実だが、「実」といわれるが、書かれるまでは、どんな形にでも加工可能な、たんなる素材にしかすぎない。書かれてはじめてリアリティをもつのだ。

人生は紙の中にこそある。書かれてはじめて「人生」、「一人の一生」（a history of one's life）なのだ。

わたしは父母の、とりわけ母の歴史を書きたいと思う。そのことを通じて、母をよりよく知り、自分と母との「絆」を結び直す。結果、母に改めて呪縛されるだろうが、母を紙の中に「定着」し、母から距離をとることができる。解放された、わたし自身の人生を獲得できる。こう思える。

理想の図書館

第Ⅰ部の3で「理想の図書館」について、寸言した。自分が読み残した本を読みたいのか？

そうじゃない。自分が読んだ本で、再読したい本を、まず読みたい。いままでもしばしば再読三読をやってきたが、「書斎の死体」として生きたい、つまりは「書斎の虫」になりたいわたしとしては、思いっきり書斎を整理して、読み直したい本の「図書館」を造ることをめざす。「理想の図書館」だ。これも、人生の締め切り期を生きる残務整理の一つ、重要な一環である、と想定している。

できれば蔵書は、一〇〇〇冊以内に留めたい。だが、司馬、谷沢、鷲田の本だけで、八〇〇冊を超える。厳選が必要だ。それでも、厳選には、手当たり次第ではむしろ混乱を来《きた》す。一度ざっとでも目を通さなければならない。などなど、あんがい時間を要する、楽しい作業になる。終わりがない、エンドレスな楽しみだ。

わたしの「文業」（?）は妻の支えがあってのことだ。ただし妻はわたしの書斎に手を入れない。毎早朝、コーヒーを運んでくれるが、入ってきて出て行くだけだ。素通りである。

その妻が、わたしの書いた本《モノ》を最初からまったく読まない。「あなたが死んでから楽しく読ませてもらいます。」が決まり文句だ。

いいじゃないか。死んでから読んでもらおうじゃないか。しかし、読めるかな？　読み切れるかな？　厚いのもある。『日本人の哲学』だけで、あと残すところ一巻、書き終わると全五巻（全一〇部）だから、通常の書籍の一五冊分になる。

ただし、あれもこれも、妻が読んでくれてのことだ。「生前」の予約と、「死後」の決行のあいだには、どんなに固い約束があっても、「橋」は架かっていないのだ。それでもいい。というか、それがいいのだ。本は、読んでつまらなかったら、ぽいと捨てればいいのだ。

わたしは、人生は紙の中にあるといった。紙は軽い。どんなに重い本も、ぽいと断捨離できる。わたしの人生は、棄てるものあり、拾わないものありであっても、文句はいえまい。書いたのは、紙の中を生きたのは、わたしなのだ。紙のことにすぎないじゃないか。そう、負け惜しみをいえば、わたしは棄てられるために、棄ててもいいのだということを示すために、書いたのだ。象は忘れる。これがいい。

第Ⅲ部　長生きは難しい

第Ⅲ部は、結語部分だ。残り少ない。加速する。まず、こうお断りする。

私立探偵のエルキュール・ポアロは、引退したあとの暇な時間をどうするか、と聞かれた。あと四、五件、依頼のなかで気に入った事件を終えたら、ナタウリの栽培に精を出す予定だ、と答える。しかし、ポアロの人生の締めくくりに用意されたのは、『ヘラクレスの難業』(THE LABOURS OF HERCULES 一九四七)に登場する一二の難事件である。「ヘラクレスの難業」とは、エルキュール＝ヘラクレス(ギリシア神話の英雄)が遭遇した一二の難業＝仕事のことだ。ただし、ポアロには、さらに、自分の死を飾る最後の「難業」が待ち受けている。『カーテン』(一九七五年刊行 一九四三年執筆)だ。

ポアロは、この難業に熱中し、事件を始末し、最後に死地に赴いて、自分の生＝死を自分の手で締めくくる。それも、最初の事件(『スタイルズ荘の怪事件』)と同じ舞台に立ち戻って、幕(カーテン)を引く。見事に、起と結を一体化させる。できすぎに思える。

7　人生は難業だ

7.1　仕事は難しい

仕事が難しいというのは、かならずしも、難事にぶち当たったということを意味しない。難事、易事に関係なく、いまだ成果を上げていない、相応の評価を受けるにいたっていない時期のことだからだ。「いまだ何ものでもない」(Noch-nicht-sein《ノッホニヒトザイン》)は、有能であればあるほど、一生懸命であればあるほど、困難で悔しいものだ。いつ・何ものか(something)になるか、が決まっていない宙ぶらりん《ブランコ》状態である。このときが辛い。苦しい。やるせない。

しかし、愚痴をいっても、弱音を吐いても、どうしようもない。いつか何ごとかをなし遂げる。少なくともその入り口に達することができるのだ。こう自分に言い聞かせながら、手探り状態で進むしかない。

むしろ、「何ものかになること」あるいは「評価を受けること」が早すぎることから生まれる難事のケースのほうが、困難を増す場合が多い。これにさしたる説明は不要だろう。人間は「前進」するのは好きだが、すすんで「後退」するのは嫌な存在だからだ。

「競争」は発明発見の母

ほとんどの仕事は、最初、課題も方法も、与えられる。ノルマも、仕事時間も決まっている。お仕着せ仕事、強制されてする仕事は、嫌だ、と感じるかも知れない。だが、それはサラリーマンの愚痴に近い。自分で仕事《ビジネス》を発掘し、注文通りに仕事を仕上げ、報酬や評価をえる、自由契約仕事《フリーランス》のほうが、ずっと難しい、と見るべきだ。

「何ものか」(somebody) になった、という一つの目安は、自立した仕事人になることだ。その成否は、組織に属そうが、単独であろうが、課題を自分で見いだし、他者よりすぐれて実現する能力をもつことにある。与えられた課題を、マニュアル通りに、したがって予期した通りに仕上げるだけではすまない。

何だ、優劣を競う人間になることか。おぞましい、浅ましい。そんなモーレツ人間は、面白みがない。他人の痛さを感じることのできない、正真正銘の「鈍《お》ぞまし」人間だ。こう指摘する人もいる。

だが「だれもできない、したがらない仕事」なら引き受けよう、という町工場の技術者に拍手を送らないだろうか？ 彼は優劣を超えたようなことをいうが、彼が選ぶのはだれも選びたがらない最難関の仕事である。「百戦連敗」に似た競争に挑むのだ。「競争」は、常に、発明発見の母だ。もちろん、競争に弊害はある。勝者と敗者があるからだ。しかし、「切磋琢磨」（work hard together）こそ新しいものを生む「力」なのだ。

リタイアの困難

仕事の困難の最大は、仕事に期限があることだ。仕事ばかりではない。生者必滅である。一九六〇年代、最有力事業は造船業だった。資本も、優秀な戦力も、造船業界に集まった。だが、七〇年代に入って、あっというまに日本の造船業は凋落した。もちろん、リストラがあった。出向、早期退職勧告、首切りが否応なくあった。すべて「強制」だ。そうしないと、会社がつぶれる。実際につぶれた。

さらに、技術変革について行けず、仕事力が衰退する。「ただ」で働かせてくれといっても、そうはいかない。これはサラリーマンであろうが、フリーランサーであろうが、違いはない。最大の困難は、いつまでも辞めないことから生じる。

クリスティ最後の長編は、『運命の裏木戸』である。最後に刊行された長編は、ポアロものの『カーテン』とマープルものの『スリーピング・マーダー』（一九七六）だが、この二作は、作者の死後に発表されるべく、あらかじめ大戦中の一九四三年に書き上げられていたものだ。ともに面白い。

だが『運命の裏木戸』は、「いかなる駿馬も老いれば駄馬になる」のたとえ通り、大家クリスティだからこそ「刊行」され、評判を呼んだが、失望するほかなかった駄作である。もっとも、彼女は、八〇代の初めまで、少なくとも『象は忘れない』（一九七二）までは、きちっと仕事をやったのだから、とやかくいうのは酷だろう。

つまり、仕事はいつ辞めてもいいが、いつまでも続けてはいけない。続けることが困難な時期が必ず来るのだ。しかも、ぐずぐずしていると、すぱっと辞めるのが難しくなる。

「仕事」（work　業績）は、その人の寿命を超えて生きることがある。しかし「仕事」を、適切な時機に退くのは、難しい。「死ぬ力」の最後が、そこでためされる。

7.2　仕事は簡単だ

だが、仕事こそ簡単《シンプル》に生きる力だといっていい。

人間、なにがいい《ベター》って、朝起きてすること（日課 work）が決まっていることだ。スイスの哲学者カール・ヒルティ『幸福術』の成功は、幸福術の中心に仕事術をおいたことだ。ヒルティは示唆する。老後の生き方に、仕事が組み込まれていない幸福術（論）は、沫々《あわあわ》したものに終わる。「労働術《ハウ・ツー・ライブ》」の最後を飾るのが「老働術」である、と。

死ぬ直前まで、「やるべきこと」があった、それをやりつつ死ねたら、どんなにいいだろう。わたしの父も母も、「病床」（ベッド）のなかで亡くなった。本人に代わって、不幸な死だったなどということはできない。だが、不如意な生に続く死であったことはまちがいない。やりたいこと、やるべきことがまったくできなかったからだ。

ヒルティ『幸福術』の成功は、その著の主張通りに死ねたことにもある。ヒルティ自身が死ぬ瞬間まで「仕事」をしていた。彼が傾倒した哲学者カントと同じように、机に凭《もた》れたまま亡くなった。

こなすことに、意義がある

「仕事」である。ノルマが決まっている。内容も、時間も、締め切りもだ。わたしは、退職後、五年間で、『日本人の哲学』を書き上げることを決心した。いわゆる「ライフワーク」だ。これを仕上げたら、いつ死んでもいい、と思えた。

だから、毎日が坦々と過ぎる。もちろん、六〇代半ばまでのスピードはもう出ない。スタミナは、午前中でほとんど尽きる。二巻目を書き終えたとき、二階の寝室への階段を上るのが厄介だった。便器から立ち上がるのさえ困難を覚えた。でも、だれでもない。自分が課したノルマである。やるしかないではないか。

しかし「ノルマ」とは、シベリアに抑留され強制労働を課せられた人たちが伝えた言葉である。強制であろうとなかろうと、楽しいはずはない。こういうかも知れない。だが、たとえ強制であろうと、いな強制力をもつからこそ、「仕事」は仕事なのだ。否も応もない。こなさなければならない。こなすことに、意義がある。不謹慎を恐れずにいえば、もしシベリアに抑留された人たちが、「仕事」（強制労働）をあたえられなかったなら、もっと短期間にやすやすと死んでいったにちがいない。

リタイア（引退する）とは、「現役を退く」という意味だ。「仕事」でだ。ノルマのある仕事である。わたしが定職に就いたのは、三三歳のときだ。通常より一〇年遅かった。退職は七〇歳だった。だから、六〇歳で退職して、八〇〜九〇歳まで生きるのは、大変だろうな、厄介だろうな、と同情できた。というか、逆に、定年後、らくらくと生きる人に、感心できた。感嘆さえする。

仕事のあとに仕事

敗戦をはさんで生まれ育ったわたしたちは、「アプレ」（アプレゲール）といわれた。「第二次世界大戦後、従来の考え方・習慣などを無視しようとする傾向（の若い人びと）。戦後派。」（新明解国語辞典）のことだ。そんなわたしたちの子どもたち（一九七〇年をはさんで生まれ育った世代）は、「ニュー・カマー」といわれた。日本史上最も数の多いこの親・子二世代は、一見して、その違いが歴然としている。

食べ物で比べよう。アプレは「おいしいもの」を後に残す。ニュー・カマーは「おいしいもの」をまず食べる。大別すると、この差ははっきりしている。

仕事で比較しよう。アプレは「仕事のあと」に「快楽《あそび》」を、ニュー・カマーは「快楽のあと」に「仕事」である。

この違いは、もちろん、遺伝子上の違いではなく、二つの世代が成長した社会状態の違いから来る。アプレは生産中心社会に、ニュー・カマーは消費中心社会に育ったが、その分岐を決定づけたのは、情報・コンピュータ社会の登場である。

情報は、コンピュータのネットを介して、瞬時に、世界を駆け回る。情報の世界に、昼も夜もない。原理的にいえば、わたしが住む長沼もニューヨークのウォール街も「差」はない。ニュー・カマー以降の世代は、「昼の労苦、夜の快楽。」（ゲーテ）ではない。

さらにいえば、「仕事のあとに（も）仕事。」も、「遊びのあとに（も）遊び。」も可能になった。「生涯現役《ワーク》」も、「生涯無役《パラサイト》」も大手を振って生きることができるようになった。生きる・死ぬ力のあり方が大きく変化して当然だろう。

7.3 暇つぶしは難しい

わたしは、四〇代から、この過疎地に住んだ。三〇年を越す。在宅である。ほとんど人に会わない。会う必要がない。たまに会うと挨拶くらいはする。四〇代から七〇歳の定年まで、わたしは一週間のうち五日在宅（勤務）である。それに夏冬の長期休暇がある。誰ということなく、「自由時間があって羨ましい！」という顔をされる。

この土地に住みはじめたとき、住民はいなかった。少しずつ増え、現在、家は一〇〇軒をゆうに超えたのではないだろうか。ただし、歯の抜けたように、空き家も増えてゆく。原因は、(妻に聞いた所によると)奥さんが「自由」に飽き飽きするそうだ。ほとんど全部の時間を自由に処理できるからだ。

なにをしなくてもいい。まったくフリーだ。こういう時間をもちたい、と渇望する人はいる(かも知れない)。少なくないだろう。わたしは、外見には、ほとんどフリー状態で長年やってきた。妻以外の人に会うのは、勤務校に行くときか、街《ススキノ》に出たときだ。しかし、わたし自身は「フリータイム」ではなく、「フルタイム」すなわち「休日なし」で過ごしてきた、と思っている。

毎日「日課」があるから、暇になることはあるが、暇をもてあますことはない。まったくフリーだったら、わたしは疾《と》うにおかしくなっていただろう。「暇がほしい!」というのは「暇が(すく)ない」からだ。暇に満ちていたら、暇を欲しなどしない。暇に飽き飽きする。

退職後、やること《ノルマ》がなくなった人の落ち込みを考えてみるがいい。やるべきことを何か見つけないと、死ぬまで「フリー」が続くのだ。想像するだに、恐ろしい。

「忙しさ」の効用

「忙しい！」とボヤキはすまい、と決心したのはいつ頃だったろうか？　たしか、三〇代のはじめではなかったろうか。まだ定職はない、「ハード・ワークは望むところだ。」と思わなかったら、心が折れてしまいそうな時期だった。パートである。結婚し、子もできた。生活費をえるためだけでも、倍の時間を働いても、かつかつだ。研究に時間を割けない。何、夏・冬の長期休暇がある。家族は妻の実家に帰省してもらう。それやこれやで、三〇代をなんとか、外見には、難なく、くぐり抜けることができた。予備校など手当のいいパートロがなかったわけではない。しかし、専門研究に少しでもつながる「仕事」をと、非常勤講師で凌いだ。もっとも、凌げたのは、わたしを雇ってくれた先輩諸氏のおかげだ。どんなに感謝しても感謝したりない。

わたしは、「忙しかった」あるいは「忙殺された」からこそ、あの三〇〜四〇代を堪えることができた、といまにして思う。

総じて「忙しい」、「多少とも忙しすぎる」ことは、身体的にも精神的にも、ベターではないだろうか。五〇代、「ブレーク」(!?)した。がんがん仕事（注文）がやってきた。もともと、書く仕事は「僥倖《ラッキー》」である。彼方からやってきた。此方からは、断れない。断らない。だから仕事に追われる。辛い。「逃げだしたい！」と心底思えた。だがである。

好きな女を追うのは楽しい。「楽《らく》」だ。だが、どんなに好きな女でも、追われると逃げたくなる。「辛い」。こういうではないか。仕事がわたしを追うなら、わたしの方から仕事を追ってやろうじゃないか。来たら、ちぎっては投げ、ちぎっては投げてやろうじゃないか。多少形は悪くても仕方あるまい。こう思えたとき、一気に肩が軽くなった。全身に血が巡ってきた。

暇は「暇つぶし」ではつぶれない

「暇つぶし」という。「暇を、適当（どうでもいい事）に過ごすこと。」（新明解国語辞典）とある。だが「暇」は「暇つぶし」ではつぶれない。「暇」に弄《もてあそ》ばれ、空しいままで終わる。

わたしの知るかぎり、「遊び」のうまい人、「遊び」を満喫する人の大部分は、「寸暇」を見いだして、遊びに没頭する人だ。遊びの神髄は「余暇」にあるのではない。「逆」だ。

よく、読書する時間がない、といわれる。しかし読書に時間はいらない。むしろ、読書する暇がないほど忙しいから、読書したくてたまらなくなるのだ。我慢できずに、読書してしまうのだ。

退職後、暇だけを残す人がいる。日常家事、畑仕事、山登り、パークゴルフ、等々、暇をつぶすメニューはたくさんある。だが、家事をのぞいて、仕事ではない。毎日きまってあるのでもない。おそらく年の半分も、スケジュールがたつことはない。たつ場合も、続かない。そうやって、人生が残り少なくなる。それでいいと思える。その方がいい、といえるかも知れない。囚われない《フリー》人生だ。

でも「わたしのとはちがう。」「囚われない」と「自由」とはだいぶ違う。誰の人生であれ、囚われて生きている。「受験」も、「結婚」も、「就職」もフリー・パスでいってもかまわない。だが、学歴・仕事・収入・家族は、そのどれ一つがなくとも、当人を捕らえて放さない。捕囚にする。ニートは、どんなに自由に、勝手気ままに生きようとも、その報いは受けざるをえない。老後に泣きを見る。当人は、そんなもの、想定外だ、といってすまそうとしても、老後はやってくる。そして、「親切」な福祉社会だ。野垂れ死にするわけにはいかない。させてくれない。

8　死へのステップ（旅）

8．1　死は過酷だ

人間の死のほとんどは過酷《ハード》だ。その過酷は、突然（sudden）さや苦痛（distress）からもくる。だが、長寿時代になった。過酷さはより多く「緩慢さ」からくる、といってみたい。

「突然」は「すぐの終わり」である。過重なストレスには堪えがたい苦しみがあるが、その多くは、終わりがある（見える）。しかし緩慢な死には、終わりが見えない。最も過酷なのは「終わりのない死」ではないだろうか？

人は、長寿を願いながら、生が長引けば長引くほど、緩慢に、眠るがごとく（息も絶え絶えに）死んでゆく。これこそ幸福な死というべきだろうか？　これを穏やかで幸せな死と思えるのは、元気に生きているものの側から見た「景色」に過ぎないのではないのか？　気息奄々《きそくえんえん》と生きるのは、病理学的にいうと、各器官が徐々に機能を停止してゆくことだ。ぶっちゃけていえば、腐り果ててゆくのである。動物の自然死に似ている。

8.2 「突然」の死は簡単だ

「若く美しいまま、ぽっくり死にたい！」行きつけの酒場のママは、常にこういった。「その気があれば、いつでも死ねますよ。」と答えて、いつもイヤがられた。

このママにかぎらない。多くが「突然死がいい。」というのだ。「何、突然死は簡単だ。」とわたしが即答すると、「おまえは長生きするからな。」と返される。「わたしは長生きしたくない。もう十分長生きした。」というと、「そういうヤツほど長生きする。」といなされる。

「殺人は簡単だ。」といった。しかし、社会ルール、禁忌＝人類の法規を逸脱するのだ。警官に拘束され、アホな裁判官や検事に叱責、非難される。間尺に合わない。だが「自分を殺すことは簡単だ。」きれいにやれば、誰からも非難されない。わたしのような憎まれものは、むしろ喜ばれる。それに燃やせば「煙」になって、きれいさっぱりなくなる。

「自死」は最高の死である、といいたいところだが、若いときの自死は事故だ。長寿に自死はできない。よほど果断な人でないかぎり、自力で死ぬ（＝生きる）ことができないからだ。「若すぎ」と「老いすぎ」の中間は、「死」を深刻に考える時間がない。「病気」の延長線上に死があるにすぎない。

突然の死はある。だがそのほとんどは「事故」だ。自殺は、日本で、年三万件ほどある。だがよくよく検分すると、何度もいうが、「事故」といっていいのではないか。自殺は、一見、簡単だが、難しい。自殺は人間だけのものだが、人間にもよほど難しいのだ。

8.3 安楽死は簡単にすぎる

もう助からない。「楽に」死にたい。だが自分の手では死ねない。他人（医者）の手を借りて死にたい。これを「尊厳死」というそうだ。

洒落《しゃれ》てはいけない。「自立自尊」である。「自立」もせずに、他人に自分の生死を委ねて、「自尊《セルフ・リスペクト》」を口にするのは、自惚《うぬぼ》れにすぎる。パラサイト（寄生）専一でいこう、というニートの空威張りに通じる。

「尊厳死」は「自立」ではない。「自尊」ではありえない。ただし「自死」を奨めているのではない。「長寿」は簡単だ。だが「自殺」は「殺人」である。「殺人」は、「近親相姦」や「人肉食」とともに、人間が決めた禁忌（共同の無意識＝禁止条項）だ。なぜか？最も「安楽」な、すなわち最も簡単に人間の三大欲＝「食・性・支配欲」を満足させる方式（way）だからだ。これを許し続けると、過剰な欲望を無際限に発動しようとする人間＝人類に、ブレーキがなくなる。人類は永続ができなくなる。すでに自滅していた（はずだ）。

再度いう。この三大タブーの壁を越えなかった種族だけが、現在の人類として生き残ったのだ。

9 第三の死

再再度いう。人間だけが自殺する。「殺人」はタブーだが、タブーを超えようとするのも、人間だ。人間は、過剰な欲望を無際限に発動しようとする存在である。なぜか、「コトバ」をもったからだ。いまここにないもの・いまだかつてどこにもなかったものを喚起する能力、真の創造力をもつ。「コトバ」は、最終的には、「コトバ」でブレーキをかけるしかない。人間(類)はまさにそうしてきた。「生」と「死」も、コトバにまとわりつかれているのだ。ここで、二、三のことを注記しておこう。

9．1　恍惚と痴呆

「恍惚」に、〈1 物事に心を奪われてうっとりすること。物事に見とれたり、聞きほれたりしてうっとりするさま。「恍惚の境地」 2 頭などがはっきりしないこと。ぼんやりしているさま。有吉佐和子著「恍惚の人」(昭和四七年)によって、特に老いぼれてぼんやりするさまについていうことが流行した。〉(日本国語大辞典)とある。

老いて、うっとりすること(惚け in ecstasies)と、ぼんやりすること(呆け absence of mind)は、紙一重である。「恍惚」であり「放心」である。この一体化が「痴呆」だ。老いばかりではない。若年性痴呆症(dementia)もある。心をふくむ身体の機制《メカニズム》障害だ。

だが、人間は、つねに「恍惚」と「痴呆」の状態にある。問題なのは、「恍惚」や「痴呆」から、戻ってこられるかどうかである。生と死の境は、再生能力があるかどうか、尽きたかどうかにある。「痴呆」を恐れても仕方がない。「死」と同じように、「死んだら」もう死はない。恐れる必要がない。ただ、死も、痴呆もやっかいなのは、死までの期間が、痴呆の期間が、定まっていないことだ。「長寿」が容易になったからだ。仕方がない。

9.2 理想と夢想

平和や平等が「理想」として掲げられる。「理想」(だけ)であるなら、問題はない。だが、理想は「完璧」には実現しないから、「理想」なのだ。「夢想」である。「理想」と「現実」は異なる。理想に近づこうとするなら、現実のなかにその「種」を探さなければならない。

死ぬまで自力で生きたい、意識も体力も自立していたい、という。それは「理想」だ。そのために努力する、せいぜい準備する、のはいっこうにかまわない。だが、一見、どんなに突発的に思えても、「死」は「突発事」ではない。遅い早いの違いはあっても、「事故」でないかぎり、「進行中の出来事《プロセス》」(going on)である。

「自力」で生きる「種」(エネルギー)が切れたときは、生はその人の力の下にはない。どうすることもできない。諦めるも、諦め切らないも、「夢想」すらできない。長寿とは、なかなかに厳しい現実を選ぶことなのだ。前もって、このことを知っておくのは、気を休める程度にはなる。

ただし「種」は残せる。一つは「仕事」(業績)である。もう一つは、これも仕事の一つかもしれないが、子どもを残すこと(「人間の生産」)だ。「少子」だなどとケチなことをいうな。子どもができなかったら、「後継」者の育成がある。この三つ、仕事・子ども・後継は、いってみれば「分身」だ。あなたの死後も、生き残る(可能性がある)。可能性のあることを「夢想」する。これも「理想」の現実形だろう。

9.3 絆=支配と隷属

老後は、生に執着しすぎない、がいい。死に振り回されないためである。長命を願うなら、長命でなくてもしかたない、でゆくがいい。

「ウォント」(want)は、「欲する」だ。「欠乏する」でもある。欠乏するから、充足するために、欲するのである。「ことば」はすべて、肯定と否定を含む。「赤」は「赤でないもの」を前提(条件)にする。ただし、「赤」と「非赤」との境界は、「ある」が「明確」ではない。「生」と「死」の関係は、「生」と「非生」、「死」と「非死」との関係である。

東日本の大震災で、人間の「絆」(band)があらためて高唱された。

わたしは、家族、一門、村、いわゆる血縁的共同体の強い「絆」のなかで生育した。七〇年余を生きて、振り返ったら、日本中に、血縁的共同体は欠片《かけら》ほどにしか残っていない。だがこの過程は、自然過程ではない。わたしを含めて、日本人が、懸命に、この「絆」を弱めよう、断ち切ろうとした結果でもある。

なぜか。絆は、拘束、束縛、従属のバンド(紐帯)でもあるからだ。どんな結びつきも、連帯と従属の二面を含む。人間は、生きるかぎり、死と結びつき、死に拘束される。生への飽くなき渇望は、意識しようとしまいと、死への渇望を秘めている。長命の執着は、寿命を縮める因に(も)なる。

10 復讐の女神《ネメシス》

五年前になるか、『晩節を汚さない生き方』(二〇一〇)を書いた。長く生きすぎると、おのずと「晩節」が難しくなる。これが趨勢（自然の流れ）だ。長寿社会になって、「晩節」がのびる。晩節の生き方が重要になり、かつ難しくなる。「隠居」や「余生」ではなく、定年後が人生で最も長い「シーズン」となる。この時期を順当に生きないと、「晩節を汚す」結果になる。あらためて、三つのことを注記したい。

10・1 「蓋棺」を開く

「蓋棺《がいかん》」という。「棺を蓋《おお》いて事定まる」（晋書劉毅伝）で、「死んでこの世を去った後、初めてその人の生前の事業や性行の真価が定まる。」（広辞苑）といわれる。だが、人の生き死にの意味を、「蓋」で覆うことはできない。いつか、誰であれ、蓋は開けられ、毀誉褒貶《きよほうへん》にかかわらず、評価し直される可能性を否定はできない。

なるほど、死者は、死んだら終わり、と想定できる。だが死者につながる人、とりわけ後に残された人たちに、毀誉褒貶はおよぶ。エッ、当事者のことだ。両親、姉妹、子ども、縁者には関係ない。こういえるが、想定にすぎない。「死体」が消えても、死者（の生前）の行状の評価は残る。明治天皇が、蜂須賀《はちすか》侯をつかまえ、出自を質したそうだ。（秀吉伝説に関わって、蜂須賀小六が）「夜盗」の出だという伝聞があったからだ。

これには困惑したそうだ。

ミス・マープルは最後の事件『スリーピング・マーダー』で、ポアロのように、死なない。この作品でも、マープルは「復讐の女神」さながらに、死者が眠る隠された「墓」を見いだし、その死の真相を暴いてみせ、死者につながる人びとを苦しみから解放する。これは「小説」、とりわけ探偵小説のことにすぎない、と思う必要はない。閉められた蓋は必ず開く（と思いたい）。

10・2　運命の裏門

「死」は運命である。抜け道はない。だが生にも死にも、表門があれば、裏門がある。裏門とは、プライベートな通用口だ。この道はとても簡便だ。しかも重要で、必要不可欠なのだ。誰にでも、何をするにでも、もちろん人生にもなくてはならない。しかし、その多くは、当事者にしか見えない。隠されている。

わたしは、父母といえども、主として表口から見ようとする。表口を通る父母は、裏口の父母とはおのずと違う。重要なことは、表門だけの人生も、裏門だけの人生もありえないという、あたりまえの確認ではない。仕事・社事《ソーシャル・ワーク》に通じる道と家事・私事に通じる道に、二者択一を迫ることはできないということだ。

それに、残念ながら、「死」は主として「裏口」にかかわってくる。なぜか。ここで、ワンポイントだけ指摘しよう。

人間は、人間の生産を、「家族」の外で実験したことはあったが、そのことごとくは失敗に終わった。共産主義による「人間生産」、受精・出産・育児の共同化（その部分的実験例はヤマギシ会やイスラエルのキブツ）も、ナチスドイツの優生学的受精と育児（その部分的実験は、統一教会の結婚）も、「成果」をみなかった。なぜか？

人間は、原則、「一夫一婦《カップル》」による受精（遺伝子交換）・出産・育児を原則《ノーマル》とする。すなわち「家族」で、人間の生産と再生産を続けてきたのだ。わたし流にいえば、一夫一婦を原則とする家族内で「人間の生産」（生殖活動と育児）を営んできた種族だけが、現在の人間種として生き残ったのだ。

人生の裏門が、プライベートなのは、夫婦（男女）の性愛関係が、吉本隆明的にいえば「対関係《ついかんけい》」が、閉じられているからだ。これをこじ開けて、あけすけにすると、家族も、人間社会も崩壊する。死が非人間化する。人生の裏門は、可能なかぎり、閉じたい。わたしでさえ、そう思う。

10・3 『カーテン』閉幕の思想

ポアロ最期の事件『カーテン』は、ポアロが死を賭けて挑んだ事件で、解決直後、ポアロは「神」（キリスト教の神）に自分の運命を委ねつつ、「自死」する。まさに、なすべきことを行い、自分の意志で、自分の生を終える。「閉幕の思想」を実行するのだ。もちろん、これは小説の上でのことだ。一種の「理想型」である。こういうことをめざすべきなのか？

しかり、だ。ただし、「最後の仕事」をもち、それを「期限」内に仕上げるべく、勤めることである。わたしの場合は七五歳まで、全五巻全一〇部の「大冊」を書き、出版することだ。わたしの物書き人生の「仕上げ」仕事である。もちろん、未完に終わる「ライフワーク」の類ではない。完成する「目途」があり、そのための「時間」を予定する計画書《プラン》が必要だ。

だが、人生はそれほどに都合よくはできていない。幸運というべきか、残念というべきか、むしろ当然というべきか、わたしが設定した「最後の仕事」は、一巻を残すのみで、あと二年となった。この「仕事」を終えたら、自分の人生が終わってもいい、と真実思えた。時間はたっぷりある。一〇〇〇頁を要したとしても、できる。自信をもってこういえる。

「最後」のあとも「最後」

だが「自信」と「事実」は異なる。あと二年のことは、わたしの自由にはならない。第一に、「事故」が起こりうる。「最後」の仕上げが不可能になる。だが完成しなくても、「運命」だ。諦めるしかない。

第二に、二年で完成したら、まだまだ仕事をする。「最後」の次の「最後」だ。わたしは、諦めが悪いわけではない。むしろいい方だ。幕引きはせず、カーテンコールには応じる。わたしにできるのは、（可能ならば生死を賭けた）次の「閉幕」仕事を計画し、決行することだ。そのプランもある。「福沢諭吉の事件簿」（全三巻）を仕上げる。その次も想定可能だ。

あれもした。これもした。さて次に、と取りかかった瞬間、最もありそうなのが脳梗塞である。わたしの家系の遺伝子に組み込まれている（内因的）事故だ。動けない。仕事ができないだけでなく、生死は自分の自由にならない。「自死」だって不能だ。自死する力が残っていたとしても、わたしにはできない。もちろん、他人に頼まない。まことに無念な想定だが、この確率は高い。でも、以上も想定に過ぎない。一つの想定だ。

「シャローム！」

運命は、「閉幕の思想」とは関係なく、裏口を通ってひっそりとだが確実にやってきている。これは確実だ、と実感できる。わたしは、二階への階段をよろよろとのぼり、ベッドに潜り込み、「眠り」（＝「短い死」）につくとき、ときに「南無阿弥陀仏」といい、「アーメン！」、「シャローム！」と低くつぶやく。「ありがとさん！」である。最後である。美しく終わろう。

勧酒

勧君金屈卮　　コノサカヅキヲ受ケテクレ
満酌不須辞　　ドウゾナミナミツガシテオクレ
花発多風雨　　ハナニアラシノタトヘモアルゾ
人生足別離　　「サヨナラ」ダケガ人生ダ

作者は唐の詩人、于武陵《うぶりよう》で、下段は井伏鱒二（『厄除け詩集』）「訳」である。井伏にはいろいろ問題があるが、ここでは「詩《ことば》」が重要だ。

井伏の詩は文句なくいい。「サヨナラダケガ人生ダ。」だけでなく、四行全部が、ビューティフルだ。そして、「サヨナラ！」と「ありがとさん！」には、ともに、人生の終わりの愛・哀感が凝縮されている。この二つで一つのコトバを、あなたに贈りたい。

講談社現代新書　2357

死《し》ぬ力《ちから》

二〇一六年二月二〇日第一刷発行

著　者　鷲《わし》田《だ》小《こ》彌《や》太《た》　

発行者　鈴木　哲

発行所　株式会社講談社

東京都文京区音羽二丁目一二―二一　郵便番号一一二―八〇〇一

電　話　〇三―五三九五―三五二一　編集（現代新書）

〇三―五三九五―四四一五　販売

〇三―五三九五―三六一五　業務

装幀者　中島英樹

印刷所　大日本印刷株式会社

製本所　株式会社大進堂

定価はカバーに表示してあります　Printed in Japan

N.D.C.114　205p　18cm
ISBN978-4-06-288357-3

「講談社現代新書」の刊行にあたって

教養は万人が身をもって養い創造すべきものであって、一部の専門家の占有物として、ただ一方的に人々の手もとに配布され伝達されうるものではありません。

しかし、不幸にしてわが国の現状では、教養の重要な養いとなるべき書物は、ほとんど講壇からの天下りや単なる解説に終始し、知識技術を真剣に希求する青少年・学生・一般民衆の根本的な疑問や興味は、けっして十分に答えられ、解きほぐされ、手引きされることがありません。万人の内奥から発した真正の教養への芽ばえが、こうして放置され、むなしく滅びさる運命にゆだねられているのです。

このことは、中・高校だけで教育をおわる人々の成長をはばんでいるだけでなく、大学に進んだり、インテリと目されたりする人々の精神力の健康さえもむしばみ、わが国の文化の実質をまことに脆弱なものにしています。単なる博識以上の根強い思索力・判断力、および確かな技術にささえられた教養を必要とする日本の将来にとって、これは真剣に憂慮されなければならない事態であるといわなければなりません。

わたしたちの「講談社現代新書」は、この事態の克服を意図して計画されたものです。これによってわたしたちは、講壇からの天下りでもなく、単なる解説書でもない、もっぱら万人の魂に生ずる初発的かつ根本的な問題をとらえ、掘り起こし、手引きし、しかも最新の知識への展望を万人に確立させる書物を、新しく世の中に送り出したいと念願しています。

わたしたちは、創業以来民衆を対象とする啓蒙の仕事に専心してきた講談社にとって、これこそもっともふさわしい課題であり、伝統ある出版社としての義務でもあると考えているのです。

一九六四年四月　野間省一